일본어외래어

著者 김숙자

머리말

　현대인은 태어나서 자신이 속한 지역사회에서만 소박하게 생활하기 위해서도 많은 정보에 접해가며 늘 새로운 사실들에 노출되고 자극을 받으며 지내게 된다. 의사소통의 수단에도 있어서도 자신이 속한 지역의 방언에서 그치는 것이 아니라 모국어의 표준어를 제대로 구사해야만 공적 생활에서 낙오되지 않으며 일정한 사회생활에 적응할 수 있게 된다. 대체로 한 개인의 모국어의 언어생활은 무의식중에 이루어지며 일정한 나이에 의무교육을 마치게 된다면 자신의 국어 또는 그 사회의 공용어를 완전히 습득하게 될 것이다.
　한편 외국어 학습은 학습자가 의식적으로 노력해야하고 자신의 학습동기와 목표에 따라 그 성과가 달라진다. 외국어학습에서 어휘의 분야는 가장 초보적인 학습자에게도 모두 필요한 것이다. 며칠간 외국에 여행하려는 여행자라면 그 나라의 문자를 읽을 수 없다고 해도 몇 마디의 어휘는 반드시 알아야하고 적어도 최소한의 표현은 반드시 이해해야 할 것이다. 만일 학습자가 자신의 업무와 관련된 전문적인 용어를 이해해야하고 그러한 정보를 교환해야 할 필요가 있다면 어휘의 학습은 훨씬 더 중요해 질 것이다.
　처음 만나는 A와 B 두 사람이 일본어로 서로 인사를 나누며 이름을 소개하고 명함을 주고받는다. A: Bさん、何かスポーツをやってますか。B: スポーツは、特にやってないんですけど、まあジムに行ってちょっと筋トレをやっています。라고 간단히 대답한다.
　A가 B에게 무슨 운동이라도 하느냐고 물으니 B는 특별히 스포츠를

하는 것은 없으나 체육관에 나가서 근육운동을 좀 하고 있다고 대답하는 장면이다. 중급일본어의 교재를 마친 일본어 학습자라고 해도 'ジム'라든가 "筋トレ"라는 어휘의 의미가 잘 통하지 않아서 순간 당황하는 경우가 예상된다. 이 장면에서 한국인 일본어학습자라면 한국어에서는 ジム에 대해서는 체육관이라고 말하며, "筋トレ" 대신 단축하지 않은 '근육트레이닝 또는 근육운동'이라는 표현이 쓰이고 있는 사실을 이해하는 것이 필요하다. 만일 이러한 표현이 이해되지 않으면 다음의 대화에서 원활한 의사소통이 어려워 질 수도 있다.

일본인의 어휘생활에서는 이와 같이 외국인 일본어학습자들이 예상하는 것 보다 더 복잡하고 새로운 어휘들이 계속 늘어나고 있다. 연령, 성별, 사회계층에 따라 그들이 사용하는 어휘의 종류가 달라지는 것은 물론이며 공적인 장면과 사적인 장면, 가족끼리의 대화 등에 따라 그 사용 어휘가 다양하게 변화하기도 한다.

현대일본어에서 외래어 어휘의 사용은 큰 비중을 차지하고 있다. 통계적으로는 12%에서 13%라고 말하나 분야에 따라서는 큰 편차를 나타내고 있다. 그리고 외래어에 대한 의식 조사에서도 나타나는 바와 같이 한국인의 외래어의 수용태도와는 크게 다르다는 점을 확인할 수 있다.

한국의 일본어학습자의 학습매체도 1980년대 이후 급격히 변화하고 있다. 주교재 위주의 학습에서 많은 주위의 실물자료와 영상자료 등에 접하는 일이 매우 용이해 졌다. 그리고 학습자의 연령도 성인에서부터 어린이까지 그 폭이 확대되어서 한자어와 일본어고유어를 접하기 이전에 많은 외래어 어휘를 구사하는 경우도 볼 수 있다. 대부분 일본문화에 의식적으로나 무의식적으로 또는 자신의 기호에 따라서 어휘의 습득의 매체가 달라지고 있음이 사실이다.

"외래어의 범람" 이라는 표현이 낯설지 않고 한국어에서도 이와 유사한 현상이 일어나고 있는 것을 부정할 수는 없다. 현재 한국의 학교교육에서는 영어교육이 강조되고 있어서 사회인이라면 누구나 영어에 접하기는 어렵지 않다. 그렇다고 해서 일본어에서 쓰이고 있는 수많은 외래어의 어휘들을 잘 이해할 수는 없다. 왜냐하면 그 음상과 의미가 영어나 그 밖의 다른 서양의 언어의 어휘처럼 보이나 일본인들이 만든 독특한 일본식외래어가 너무 많이 쓰이고 있기 때문이다.

일본어교육기관에서 초급학습자에게 일본어의 문자를 도입할 때 히라가나를 먼저 익히게 하고 그 후에 가타가나어를 익히게 하는 방법과 두 가지 문자를 동시에 도입하는 것이 바람직하다는 의견 등이 있다. 사실 일본어의 외래어는 모두 인쇄체인 가타가나어로 표기되고 있어서 식별하기 용이하다는 점이 한국어의 외래어보다는 학습상 이로운 점이기는 하다. 그러나 현실적으로는 일반 사전에서 쉽게 찾기 어려운 외래어 어휘들이 상당히 많이 있고 이들이 실생활의 용어로 빈번히 출현하고 있는 실정이다.

이 책은 일본어의 외래어의 구조와 규칙을 정리하고 어떻게 학습하는 것이 효과적일까라는 모색의 결과를 정리한 것이다. 학습자나 교사에게 뿐만 아니라 취미나 업무상의 필요에서 일본어에 접하게 되는 일반인들이 일본어외래어에 대해서 거부감을 느끼지 않고 닥아 갈 수 있도록 안내자의 역할을 할 수 있기를 기대한다.

目 次

■머리말 ··· 1

제Ⅰ장 일본어외래어의 음성 / 7
Ⅰ.1 일본어외래어의 음성적 특질 ·································· 9
Ⅰ.2 화제외래어의 음절구조 ·· 35

제Ⅱ장 일본어외래어의 지도 / 59
Ⅱ.1 일본어 혼종어외래어의 교수모형 ··························· 61
Ⅱ.2 일본어 혼종어외래어의 유형과 지도방안 ·············· 73
Ⅱ.3 가타가나어 지도 면에서 본 고등학교 교과서『일본어Ⅱ』···· 91
Ⅱ.4 和製外来語の省略形の指導方案について ················ 105
Ⅱ.5 第7次教科課程の高校日本語教科書に
　　 現れたカタカナ語の分析 ··· 123

제Ⅲ장 일본어외래어와 한국어외래어 / 141
Ⅲ.1 일본어와 한국어의 외래어의 대조 ·························· 143
Ⅲ.2 한・일 신문에 나타나는 외래어의 대조분석 ········· 167
Ⅲ.3 한・일 교과서의 외래어의 대조 ······························ 195
Ⅲ.4 韓国語の中の和製外来語の短縮形について ············ 211
Ⅲ.5 韓国語と日本語の外来語音節の対照 ······················· 225

■참고문헌 / 233
■찾아보기 / 241

제I장 **일본어외래어의 음성**

Ⅰ.1 일본어외래어의 음성적 특질*

1. 들어가기

 일본어의 서적이나 신문 등을 펼쳐보면 우선 히라가나(平仮名), 가타가나(片仮名), 漢字, 로마字, 그리고 아리비아 숫자의 5종류의 문자로 쓰여진 것을 보게된다. 그것은 일본어의 표기의 방식이기도 한 것이다. 현대일본어에서 서양으로부터 들어 온 외래어는 가타가나로 표기하고 있으며 근세 이래 일본에서는 새로운 문물에 대하여 한자어로 번역하여 사용하는 대신에 서양어 그 자체대로 받아들여 일본어의 음운체계에 맞게 표기하는 경향이 늘어났다. 그러나, 외래어는 한자어에 비하면 그 조어력이 풍부하지 못하고 일본어의 음운체계에 어울리게 원음을 살리는 데에는 많은 문제점이 있다. 그럼에도 불구하고 현대일본어에서는 서양의 외래어가 구어체 문장을 중심으로 급증하고 있는 현상이다.

 외래어에 관한 앞선 연구로는 외래어의 역사에 대하여 마츠오카(松岡洸司:1983), 표기에 대하여 다케베(武部郎明:1971), 엔도(遠藤織枝:1989), 사타케(佐竹秀雄:1986), 도미타(富田隆行:1991)과 외래어 전반에 관한 연구 업적으로 이시노(石野博史:1983), 야자키(矢崎源九郎:1964), 이시와타(石綿敏雄:1985) 등이 있다. 그리고 허광회(1991)에서는 외래어 장모음의 표기에 관하여 다루어 졌고, 김원익(1991)의 외래어음의 음절에 관한 연구와 김재영(1993)의 한・일 외래어음의 대조연구를 들 수 있다.

---

* 『日語日文学研究』第30輯, 韓国日語日文学会, 1997

본고는 현대일본어의 음운체계 안에서 외래어가 어떠한 특징을 나타내고 있는가에 대하여 공시적 입장에서 고찰한다. 표기와의 관련에 대하여는 다음의 과제로 미루기로 한다. 하나의 어휘에 대하여 두 가지 또는 그 이상의 어형으로 나타나는 외래어의 어형의 공존현상과 방언에 따라 다르게 나타나는 문체들은 본고의 고찰의 대상에서 제외하고 현대어의 공통어인 도쿄방언에서 절대다수가 사용하고 있는 어형에 대하여 고찰하고자 한다.

2. 일본어의 어휘체계와 외래어

2.1 외래어의 증가현상

외래어는(foreign borrowed word) '외국의 언어체계의 자료(어, 구, 문자 등)가 다른 나라의 언어체계에 들어가서 사회적으로 그 사용이 승인되어 진 어휘'를 가리키며 대체로 차용어(借用語 loan word)라고도 말한다.

일본어의 외래어는 그 유입된 시기에 따라 역사적으로 몇 시기로 나누어진다. 고대에는 한국어, 아이누어, 그리고 중국으로부터 한자어가 들어갔고, 중세에는 폴투갈어, 스페인어, 화란어 등의 유럽어가, 그리고 근세에 이르러서는 영어, 불어, 독일어, 이태리어, 러시아어 등의 서양어가 소개되었다. 그것은 일본과 외국과의 교섭의 역사를 잘 반영하고 있다고 볼 수 있다.

일본어의 어휘체계는 크게 고유어인 和語(やまと ことば)와 외래어로 나누어 볼 수 있다. 넓은 의미의 외래어에는 漢語가 포함되나 이른 시기에(4C경) 이미 중국으로부터 많은 어휘가 일본어에 들어가 일본어의 발

음으로 변형되기도 하고 일본어 어휘체계에 많은 영향을 미쳐 일본인들에게 있어서는 漢語에 대해서는 차용어라는 의식이 희박하며 좁은 의미의 외래어를 가리키는 경우에는 한어는 제외하는 경우가 많다. 외래어는 일본고유어나 한어와 구별하여 '洋語'라고 부르기도 하고 가타가나(片仮名)로 표기하게 되어 있어서 별명으로는 '가타가나어', '가타가나외래어' 또는 '가타가나영어'라고도 부른다.

일본어의 어휘체계는 語種에 따라

(1) 和語：(あし, こな, みず)
(2) 漢語：(文化, 成功, 人間)
(3) 外来語：(キ-ワ-ド, ゲ-ム, サイン)
(4) 混種語：(サボル, 自動ドア)

의 네가지로 구성되어 진다.

일본어의 語構成은 단순어에서 복합어[1] 또는 파생어[2]를 만드는 경우, 앞에서 말한 고유어, 한어, 외래어의 세 가지 語種이 결합되어 混種語를 만들어 간다. 결합의 유형을 보면 <표 1>과 같다.

<표 1> 서로 다른 어종의 결합유형

어종의 결합유형	용례
고유어 + 한어	ごみ有料化, がん診断
고유어 + 한어 + 한어	がん予防食品
고유어 + 외래어	ごみアクセス
한어 + 외래어	情報ハイウ-, 電子レンジ
한어 + 외래어 + 한어	民生用プルトニウム保有量, 緩和ケア病棟
외래어 + 한어	アイドル歌手, ヒット商品, デ-タ分析
외래어 + 고유어	アジする, デモる
외래어 + 외래어	マルチメデア, ベストセラ-

---

[1] 자립어인 단순어가 둘 또는 그 이상 결합하여 된 어휘
[2] 접두어 또는 접미어와 같은 接辞와 자립어가 결합하여 된 어휘

고유어는 원래 1음절 내지 2음절어가 대부분이었다. 따라서 고유어인 和語에서는 대체로 그것은 안정감이 없고 동음어가 많이 발생하므로 새로운 개념을 나타내기 위해 2음절 또는 그 이상으로 다음절화(多音節化)해 갔다. 그리고 동음어를 피하기 위하여 한자어로 대신하기도 하였다. 현대일본어에서 새로운 문물에 대하여 命名하게 될 때에도 한자어에 외래어가 결합되는 경우가 많이 나타나는 것은 한자의 표의성과 조어력 때문이다.

현대일본어의 어휘사용과 관련하여 1956년 국립국어연구소의 잡지 90종을 대상으로 한 어휘조사[3]와 1966년의 신문(朝日, 毎日, 読売) 어휘조사[4]와 1974년의 고등학교 교과서 중 사회과목과 자연과목의 용어분석[5] 결과들의 조사보고가 나와있다. 이 세가지의 50년대, 60년대, 70년대의 어휘조사를 비교해 보면 <표 2>와 같다.[6]

---

3) 1956년 국립국어연구소가 ①「群像」,「世界」,「中央公論」등의 문예, 평론지, ②「週刊朝」,「サンデ-毎日」,「文芸春秋」등 서민용 잡지, ③「自然」,「実業의 日本」,「農業世界」,「保健同人」등 실용 잡지류, ④「婦人倶樂部」,「主部之友」,「婦人公論」등의 부인용 잡지, ⑤「アサヒカメラ」,「映画之友」,「オール読物」,「旅」,「野球界」등의 취미, 오락지 등 90종을 대상으로 어휘조사를 실시하였다. 나오는 빈도의 총수인 '延べ語'수와 여러번 나오는 어휘를 표제어 만으로 계산한 '異なり語'수에 따라 분석집계 하였다.
4) 주요 일간지인 朝日, 毎日, 読売신문의 어휘 조간과 석간 1년분을 대상으로 1차 조사의 10년 후 국립국어연구소가 실시한 어휘조사
5) 국립국어연구소가 1974년의 일본의 고등학교 사회과와 자연과목의 용어조사를 실시하여 1983년 보고서를 간행하였다.
6) 이시와타(石綿敏雄), 1985,「日本語のなかの外国語」, pp.14~20, 岩波新書 296, 岩波書店

<표 2> 일본의 국립국어연구소의 어휘조사

어종	잡지 90종(1956)	신문조사(1966)	고교교과서(1974)
고유어	36.7%	38.8%	14.7%
한 어	47.5	44.3	58.8
외래어	9.8	12.0	6.1
혼종어	6.0	4.8	0.7
			인명지명 22.6

<표 2>의 결과에서 외래어는 1956년에서 1966으로 오면서 그 사용률이 늘어났다. 그러나 교과서에서는 한자어의 사용이 압도적으로 많은 것으로 나타났다. 위의 세 가지 어휘조사는 모두 문어체 문장에 있어서의 어휘사용 실태를 반영한 것이었다.

石綿敏雄(1985 : 21~24)에는 1980년 도쿄를 중심으로 근교에 살고 있는 일본어교육 내지 일본어학관계 연구자 7명의 발화와 그들의 대화의 상대자들을 대상으로 총 42시간에 걸친 대화 내용의 녹음자료에 대한 분석결과가 소개되어 있다. 그것은 당시 국립국어연구소 소장 노모토(野元菊雄)외 여러 학자들이 간행한「日本人の知識階層における話しことばの実態」(文部省科学研究費特定研究),「言語」연구보고서(1980)로서 <표 3>과 같이 보고하였다.

<표 3> 대화녹음결과(1980)

고유어	46.9%	외래어	10.1
한 어	40	혼종어	3.0

그것은 <표 2>의 문어체 문장에 대한 구어체의 어휘조사로서 의의가 있었던 것이다.

즉 대화의 녹음 결과에서는 한어의 사용비율보다 고유어의 사용 비율이 높게 나타났다. 이상과 같은 객관적인 언어사용 실태조사에서는 10~12%의 비율을 보이고 있는 외래어의 사용이 일반적으로는 그 보다 더 강조되어지고 있는 듯한 느낌을 받게 되는 것은 표기가 가타가나로 되어 있기 때문이라는 지적도 있다.7)

한편, 사전에서의 외래어의 출현 비율을 보면 1891년「言海」에서는 1.4%였으나 1982년 즉 90년이 지난 후의「三省堂国語辞典」(제3판)에서는 전체 표제어 65000어의 10.9%를 차지하는 것으로 나타났다. 역사적으로 서양의 외래어의 급증현상은 메지(明治)에서 비롯된 근대화와 더불어 현저하게 나타났다. 그러나 1935년경에는 일본 정부는 외래어의 사용을 엄격히 제한하고 이를 한자어로 번역하도록 권장하였다.

그러나 일본인의 현대생활의 각 분야에 있어서의 실태는 위에서 언급한 몇가지 어휘조사 결과의 약 10% 사용비율과는 다르게 나타난다. 즉 이시노(石野博史 1983)에서는 전문분야별로 본 외래어 사용비율이 <표 4>와 같이 나타나 있다.

<표 4> 분야별 외래어 사용실태

전문분야	외래어	전문분야	외래어
경영	45%	생물학	30%
공학	40	철학	23
화학	39	역사	17

또한 학문분야와는 달리 실생활 분야의 어휘에 있어서의 외래어가 차지하는 비율은 <표 5>와 같이 보고되었다.8)

---

7) 앞의 책 이시와타(石綿敏雄), 1985, p.22
8) 이시노(石野博史), 1983,「現代外来語考」大修館書店, p.43

<표 5> 일상생활 분야별 외래어 사용실태

전문분야	외래어	전문분야	외래어
패 션	97%	스포츠	76%
미 용	86	오디오	74
식생활	84	주 택	67

<표 5>의 결과에서 외래어는 고유어에 비해 정보의 양이 많다는 이유로 지적전달을 위한 어휘들에서 많이 사용되어 지고 있고 특히 상업주의와 결부되어 그 사용은 현대일본어에 있어서 급증되고 있는 현상이다. 이와 같은 외래어의 범람현상에 대하여는 찬성과 반대의 異論이 대두되고 있으며 외래어 사용에 대한 사회언어학적 관점에서의 의식조사 등이 행해지고 있다.

2.2 외래어음운의 영향

외래어의 어휘가 일본어의 음운체계에 들어오게 되면 原音과 가장 가까운 일본어의 발음으로 받아들여지게 된다. 그것은 소위 '原音主義'라고 불리우며 발음 뿐만아니라 표기에 있어서도 가장 近似한 발음과 표기를 시도하게 된다. 그러나 원어와 일본어의 음운체계의 차이로 인하여 일본어의 음운으로 대치되거나 어느 부분이 변화를 일으키게 된다. 그 중 새로운 음운이 일본어 고유의 음소에 추가되는 현상과 음절수의 증가를 들 수 있다.

일본어의 음절은 긴다이치(金田一春彦 1967)에 의해 '박(拍, はく)'이라고 제창된 바 있다. 박은 일본어의 가나(仮名)의 자모표에 나타나며 요음(拗音)을 제외하면 1박은 곧 仮名 1字로 나타난다. 음절수에 관한 음성학자들의 견해는 다음과 같다.

<표 6> 현대 일본어의 음절수[9]

학자명	음절수	학자명	음절수
하마다(浜田敦)	102	핫토리(服部四郎)	115
가메이(龜井孝)	102	노모토(野元菊雄)	117
시바타(紫田武)	102	아키나가(秋永一枝)	117
오쿠무라(奧村三雄)	111	긴다이치(金田一春彦)	133

1991년(2월7일) 일본의 국어심의회가 「외래어의 표기」라는 제목으로 일본 정부에 건의한 내용에는 종래의 음절 수에 외래어음을 표기하기 위한 33개의 새로운 음절을 추가시킨 바 있다. <표 6>의 긴다이치의 133개 음절수에는 외래어의 음절을 나타내는 22의 새로운 음절이 현대일본어에 포함되어 있다.

<표 7>

je　(イェ)	tu　(トゥ)	wi, we, wo　　(ウィ, ウェ, ウォ)
kwa(クァ)	tju (テュ)	ca, ce, co　　(ツァ, ヅェ, ヅォ)
sje (シェ)	di　(ディ)	hwi, hwe, hwo(フィ, フェ, フォ)
zje (ジェ)	du　(ドゥ)	hwa　　　　　(ファ)
cje (チェ)	dju (デュ)	hje　　　　　 (ヒェ)
ti　(トゥ)		

개별 음소에 미치는 영향으로 ハ行音을 들 수 있다. 중세 폴투갈어가 들어옴에 따라 폴투갈의 [p]음을 위하여 [pa, pi, pɯ, pe, po]의 /p/가 독립음소로 일본어에 추가되었다.

---

[9] 김원익, 1991, 「現代日本語音節に関する一考察」-外来語音を中心として-, 한국외국어대학교대학원, p.1 참조

3. 음성면에서 본 일본어외래어

  야자키(矢崎源九郞 1964:4)는 일본인의 일상생활에서 흔히 사용되어지고 있는 빈도수가 높은 외래어를 60개 추출하여 그 중 83%에 해당하는 50어가 영어에서 들어 온 외래어라고 지적하였다. 다시 棋垣実의 「日本外来語の研究」, 1963, 硏究社의 조사에서는 83%가 荒川物兵衛, 1931, 「日本語となった英語」硏究社에서는 89%가, 그리고 「岩波国語辞典」1963에서는 72%와 같이 전체 외래어의 72%~89%가 영어를 原語로 하고 있다는 학자들의 조사 결과를 소개한 바 있다.
  그밖에 1962년 국립국어연구소의 보고에서도 2,964어의 외래어의 분석결과 81%가 영어를 원어로 하고 있음이 밝혀졌다.
  본고는 음성적 특질을 영어에서 일본어에 들어온 외래어의 용례들을 중심으로 고찰하고자 한다.(이하에서 영어는 E로, 일본어는 J로, 한국어는 K로 약하기로 한다)

3.1 개음절화

  일본어의 음절구조는 특수음절10)을 제외하고는 모두 모음(V), 또는 자음+모음(CV)유형을 원칙으로 하고 있다. 그리고 일본어음절의 대표형으로는 CV형인 개음절(open syllable)이다. 그러나 영어와 한국어의 경우는 CVC(자음+모음+자음)의 구조가 일반적이다. 이러한 음운체계의 차이로 인하여 일본어에 CVC의 유형의 어휘가 외래어로 들어가게 되면 음절말 자음과 자음의(어두와 어말) 연속에서 모음을 동반하지 않는 자음

---

10) 특수음절 또는 특수박 拗音/N/ん을 포함하는 CVN, 促音/Q/っ를 포함하는 CVQ, 장모음을 포함하는 CVV를 가리킨다.

들이 모음을 동반하여 CV구조로 바뀌게 된다.

영어에서 들어간 외래어의 음절을 비교하면 다음과 같다.

(1) E의 CVC가 J의 CVCV로 된다.

  E : [pæs] → J : [pasɯ] パス
   [hæm] →   [hamɯ] ハム

영어의 어말자음에 모음이 더해져서 일본어에서는 CV형의 기본음절유형이 두번 나타나며 결과적으로 E의 1음절어가 J의 2음절어(2박어)로 바뀐다.

(2) E의 CVVC가 J의 CVVCV로 된다.

  E : [taip] → J : [taipɯ] タイプ
   [naif] →   [naifɯ] ナイフ
   [seif] →   [seefɯ] セーフ

[ai]와 [ei] 등의 이중모음은 일본어에는 존재하지 않고 같은 모음이 겹쳐진 장모음음절로 CVV는 일본어의 특수음절이다. (2)에서도 어말자음에 모음이 더해지며 E의 1음절어가 J의 3음절어(3박어)로 바뀐다.

(3) E의 CCVC가 J의 CVCVCV로 된다.

  E : [dres] → J : [doresɯ] ドレス
   [glas] →   [gɯresɯ] グラス

E의 어두자음군이 겹쳐질 때 J에서는 '자음+모음'의 현상으로 어두의 자음에 모음이 첨가되어 E의 1음절어가 J의 3음절어(3박어)로 나타난다.

(4) E의 CVCC가 J의 CVCVCV로 된다.
    E：[disk] → J：[disɯkɯ] ディスク
        [task] →   [tasɯkɯ] タスク
        [milk] →   [mirɯkɯ] ミルク

영어의 어휘에는 어두에 자음이 겹쳐서 나타나는 경우가 있다. 이러한 어휘들은 J에서는 모음이 첨가되며 결과적으로 E의 1음절어가 J의 3음절어(3박어)로 나타난다.

(5) E의 CCCVC가 J의 CVCVCV로 된다.
    E：[stres] → J：[sɯtoresɯ] ストレス

(6) E의 CVCCC가 J의 CVCVCV로 된다.
    E：[hændle] → J：[handorɯ] ハンドル

E의 어말자음군 d와 l에 각각 모음이 첨가되어 E의 1음절어가 J의 4음절어(4박어)로 나타난다.

이상 (1)에서 (6)의 음절유형의 비교에서 나타난 바와 같이 E의 閉音節(closed syllable)은 J에서는 모두 開音節化(open syllable) 현상을 보여주고 있다.

그러면 이하에서 어두자음, 음절말 자음, 그리고 자음의 연속에서 모음을 동반하지 않는 일본어외래어의 자음들이 모음을 동반하게 되는 개음절화 현상에 있어서 첨가되는 모음과 자음의 관계를 살펴보기로 한다.

20　제Ⅰ장 일본어외래어의 음성

(1) [ç, tɕ, dʑ, ʃ] + [i]
　J：　[çisɯtamin] ヒスタミン
　　　　[bentɕi] ベンチ　　　　　　　[steedʑi] ステージ
　　　　[pintɕi] ピンチ　　　　　　　[peedʑi] ページ
　　　　[intɕi] インチ　　　　　　　 [sooseedʑi] ソーセージ
　　　　[ʃirɯkɯ] シルク　　　　　　 [ʃimɯborɯ] シムボル

그밖에 [s, ɡ] + [i]가 예외로서 나타난다.
　J：　[iɡirisɯ] イギリス　　　　　 [sitɕɯɯ] シチュー
　　　　[dʑokki] ヂョッキ

(2) [p, b, m], [k, ɡ], [f, s, ʃ, z], [r], [ts, dʑ] + [ɯ]
　　　[p, b, m] + [ɯ]　：[teepɯ] テープ
　　　　　　　　　　　　　[kɯrabɯ] クラブ
　　　　　　　　　　　　　[taimɯ] タイム
　　　[k, ɡ] + [ɯ]　　　：[korɯkɯ] コルク
　　　　　　　　　　　　　[kataroɡɯ] カタログ
　　　[f, s, ʃ, z] + [ɯ]：[sɯkaafɯ] スカーフ
　　　　　　　　　　　　　[sɯisɯ] スイス
　　　　　　　　　　　　　[raʃʃɯ] ラッシュ
　　　　　　　　　　　　　[tʃiizɯ] チース
　　　[r] + [ɯ]　　　　 ：[hoterɯ] ホテル
　　　[ts, dʑ] + [ɯ]　　：[bemtsɯ] ベンツ
　　　　　　　　　　　　　[beedʑɯ] ベージュ

(3) [t, d] + [o]
　J：　[booto] ボート　　　　　　　[katto] カット
　　　　[dorama] ドラマ　　　　　　[kiɯaado] キーワード

(4) E의 [n]은 J에서는 모음이 첨가되는 대신에 鼻子音(撥音)ン으로 변한다.
   J：[ɸɯraNsɯ] フランス
       [iNki] インキ
       [peN] ペン

(5) E의 음절말 [r]은 J에서는 장모음음절로 바뀐다.
   E：[keɛːr]　　→　　J：[keaa] ケア-
      [tuəːr]　　→　　　　[tsɯaa] ツア-
      [kaːr]　　 →　　　　[kaa] カ-

그러나 어중의 [r]은 [r]로 남는다.
   E：[maːrk]　　→　　J：[marɯkɯ] マルク

(1)에서 (5)까지의 개음절화 현상은 어두자음군 또는 어말자음군에 각각 [i], [ɯ], [o]모음이 첨가되어 CV형의 개음절로 바뀌는 용례들에서 나타났다. 이러한 개음절화현상의 문제점으로는 다음 몇 가지를 지적할 수 있다.

첫째, 영어 등의 외래어의 원음의 음절수 보다 일본어 외래어의 어휘의 음절수가 늘어나서 어형이 길어진다. 표기와 발음이 모두 원어보다 길어지므로 동시통역이나 번역에 있어서 더 많은 시간을 필요로 한다. 실제로 이태리나 독일의 가곡이나 오페라 등을 일본어로 번역하여 부르게 될 때 원어로 부를 때 보다 현저히 많은 시간이 필요한 것으로 밝혀진 바 있다. 마찬가지로 동시통역에 있어서도 서양어의 1음절어가 일본어에서는 2박어, 3박어, 4박어까지로 늘어나므로 그만큼 긴 시간을 요하는 것이다.

둘째, 표기에 있어서도 어형이 지나치게 길어지므로 지적(知的) 정보의 전달에 문제가 있고 여기서 음절의 축약, 탈락, 생략 등을 통해 7음절어, 8음절어 등을 일본어의 3~4박어로 압축하는 경향이 나타난다.

셋째, 일본인의 외국어 학습에 있어서 폐음절을 개음절화 하는데서 오는 장해요인이 지적된다. 즉 원음과는 상당한 차이가 있는 어형이 등장한다. 특히 강약악센트 체계를 갖는 인구어의 어휘들에서는 강세가 없는 음절은 또박또박 들리지 않게 발음하여야 하는데 그런 부분까지도 동일한 독립된 음절로 같은 시간의 길이를 주는 일본어의 발음에 대하여 외국인 원어민화자들은 그 의미를 이해하지 못하는 경우가 많다.

넷째, 현대일본어에서는 2.2에서 언급한 바와 같이 새로운 음절을 인정하여 원음에 가깝게 발음하고자 하는 경향이 나타났다. 여기서 제기되는 현상으로 일치하지 않는 몇 개의 어형이 공존하는 경우가 인정되고 있다.

3.2 촉음/Q/의 삽입

(1) 촉음의 삽입도 일종의 음절의 첨가현상이다. 즉 영어의 [i, e, æ, ʌ, ɔ, u]가 무성자음 [p, t, k, ts, tʃ, s, ʃ] 앞에 올 때 모음과 어말자음 사이에 촉음/Q/를 삽입하여 특수음절이 만들어지고 그 결과 어형은 전체적으로 1음절 만큼 길어진다. 영어의 단모음이 CVC음절에 나타날 때 어말자음이 무성자음인 경우 일본어의 CV+CV의 두음절 사이에 촉음이 첨가된다. 영어의 단모음 [i, e, æ, ʌ, ɔ, u]가 무성자음 [p, t, k, tʃ, ts, ʃ, s] 앞에 나타나는 영어의 어휘가 일본어에서 촉음음절을 포함하는 용례들을 보면 다음과 같다.

<표 8>

	E	J
[i]	[hip] [kit] [sik] [kitʃin] [kis]	[hippɯ] ヒップ [kitto] キット [sikkɯ] シック [kitʃtʃiN] キッチン [kissɯ] キッス
[e]	[step] [net] [nek] [sketʃ] [meʃ]	[steppɯ] ステップ [netto] ネット [nekkɯ] ネック [sketʃtʃi] スケッチ [meʃʃɯ] メッシュ
[æ]	[kæp] [mæt] [bæk] [kætʃ] [kæʃ]	[kjappɯ] キャップ [matto] マット [bakkɯ] バック [kjatʃtʃi] キャッチ [kæʃʃɯ] キャッシュ
[ʌ]	[ʌprait] [kʌt] [trʌk] [tʌtʃ] [rʌʃ]	[ʌppɯraito] アップライト [katto] カット [torakkɯ] トラック [tatʃtʃi] タッチ [raʃʃi] ラッシュ
[ɔ]	[kɔp] [pɔt] [rɔk] [ɯɔtʃ]	[koppɯ] コップ [potto] ポット [rokkɯ] ロック [ɯɔtʃtʃi] ウォッチ
[u]	[fut] [buk] [puʃ]	[fɯtto] フット [bɯkkɯ] ブック [pɯʃʃɯ] プッシュ

(2) 고유어와 한어에는 없으나 외래어의 어휘 중 단모음이 유성자음의 앞에 올 때 일본어 외래어음에서 촉음/Q/가 삽입되어 영어의 음절 수 보다 2~3음절 길어지는 예가 있다.

〈표 9〉

	E	J
[i]	[kidz]	[kidzdzɯ] キッズ
[e]	[hed] [ded] [bed] [edʒ]	[heddo] ヘッド [deddo] デッド [beddo] ベッド [edʒdʒi] エッド
[æ]	[bæg] [bædʒ]	[baggɯ] バッグ [badʒdʒi] バッジ
[ɔ]	[dɔg] [lɔg]	[doggɯ] ドッグ [loggɯ] ロッグ
[ɯ]	[gudz]	[gudzdzɯ] グッズ

(3) 영어의 VCC, CVCC, CVCVC 등의 음절에 촉음이 삽입된다.

  VCC : [eks]   →   [ekksɯ] エックス
  CVCC : [bɔks] →   [bokkɯsɯ] ボックス
    [rilæks]   [rirakkɯsɯ] リラックス
    [æpl]   [appɯrɯ] アップル
    [kʌpl]   [kappɯrɯ] カップル
    [bʌkl]   [bakkɯrɯ] バックル
    [kæsl]   [kjassɯrɯ] キャッスル

촉음의 삽입에서 오는 문제점으로는 일본어 학습자의 외국어 학습, 특히 영어 학습시 단모음이 무성자음 앞에 올 때 이를 단모음의 길이 이상으로 길게 하는 경향이 나타나는 등 장해요인으로 된다. 마찬가지로 인구어를 모국어로 하거나 한국인 학습자와 같이 영어의 음운체계를 학습한 후에 일본어를 학습하게 될 경우에 영어의 원음에서 오는 간섭현상으로 일본어 외래어 어휘의 촉음의 첨가현상에서 오용의 빈도가 높게 나타난다.

3.3 모음의 통합

현대일본어의 /i, e, a, o, u/의 5모음체계로는 인구어의 다양한 모음의 발음을 원음에 가깝게 발음하기에 부족하며 따라서 일본어 모음으로 통합하려는 현상이 나타난다.

(1) E의 [i]   →   J의 [i]
   E : [ki]   J : [ki] キ
      [tenis]   [tenisɯ] テニス
      [bil]   [birɯ] ビル

(2) E의 [iː]   →   J의 [ii]
   E : [siːt]   J : [siito] シート
      [biːt]   [biito] ビート
      [iːzel]   [iizerɯ] イーゼル

(3) E의 [e]   →   J의 [e]
   E : [memo]   J : [memo] メモ
      [lebel]   [reberɯ] レベル
      [net]   [netto] ネット

(4) E의 장모음[eː]와 이중모음[ei] → J의 [ee]

  E : [ɡeim]   J : [ɡeemɯ] ゲーム
    [keik]   [keeki] ケーキ
    [keis]   [keesɯ] ケース
    [miːtər]   [meetorɯ] メートル
    [siːt]   [siito] シート

(5) E의 [a, æ, ə, ʌ] → J의 [a]

  E : [ɡlas]   J : [ɡɯrasɯ] グラス
    [teras]   [terasɯ] テラス
    [ælbʌm]   [arɯbamɯ] アルバム
    [sændl]   [sandarɯ] サンダル
    [fəni]   [fɯanii] ファニー
    [bʌs]   [basɯ] バス

(6) E의 [o, ɔ, ɔːr, ou] → J의 [o]

  E : [sɔks]   J : [sokɯsɯ] ソックス
    [model]   [mederɯ] モデル
    [hotel]   [hoterɯ] ホテル
    [pɔːk]   [pookɯ] ポーク
    [moud]   [moodo] モード
    [bout]   [booto] ボート

(7) E의 [u, uː] → J의 [ɯ]

  E : [buk]   J : [bɯkɯ] ブック
    [ruːm]   [rumɯ] ルーム
    [kuːl]   [kɯɯrɯ] クール

(8) E의 이중모음 [ai, au] → J의 [ai, au]

  E : [taim]   J : [taimɯ] タイム
    [said]   [saido] サイド

I.1 일본어외래어의 음성적 특질 27

　　　　[haus]　　　　　　　[hausɯ] ハウス

위에서 살펴본 (1)~(8)의 용례들에서 나타나는 모음의 통합현상을 정리하면 다음과 같다.

① E의 [i], [iː]는 J의 [i], [ii]에 대응된다.
② E의 [e]는 J의 [e]와, [eː]와 [ei]는 [ee](エ단 장모음)에 대응된다.
③ E의 [æ, ʌ, ə]는 J의 [a]로 통합되며 [ɔː, əːr, aː, aːr]은 [aa](ア단장모음)으로 통합된다.
④ E의 [ɔ, a]는 J의 [o]로 [ɔː, ɔːr, ou]는 [oo](オ단 장모음)으로 통합된다.
⑤ E의 [u]는 J의 [ɯ]에, [uː]는 [ɯɯ](ウ단 장모음)에 대응한다.

이상과 같은 일본어모음의 부족에서 오는 외래어음의 차용에서의 문제점으로는 외국어의 모음의 음가를 제대로 반영할 수 없고 동음어가 많이 나타나는 점들을 들 수 있다. 특히 ア단모음의 경우 영어의 원음과는 거리가 먼(청각인상의) 모음으로 실현되는 경우가 빈번히 나타나고 있다.

3.4 자음의 통합

(1) E의 [r]과 [l] → J의 [r]
영어의 [l]은 flap sound(舌側音)로서 혀끝을 입천장쪽에 대면서 가볍게 치는 소리이며 [r]은 rolled(巻舌音)라고 하여 혀끝을 말아서 굴리면서 진동시켜야 한다. 그러나 이 두가지 자음이 일본어의 ラ行자음으로 통합된다. 그것은 한국어의 경우에도 마찬가지이며 다만 한국어에서는 음소표시를 /l/로 하며 일본어에서는 /r/로 나타낸다.

E		J
link 연결	rink 스케이트장	リンク
lane 차선	rain 비	レイン
lock 자물쇠	rock 암석	ロック
leader 지도자	reader 독자	リーダー
light 빛	right 오른쪽	ライト
lace 레이스	race 경주	レース

(2) E의 [s]와 [θ] → J의 [s]

영어와 일본어의 자음체계의 차이는 마찰음(Fricative)에서 가장 현저하다. 즉 치경무성마찰음[θ]와 유성의 [ð], [v]가 일본어 자음음소에는 결여되어 있다. 따라서 E의 [s]와 [θ]가 모두 J의 [s]로 통합된다.

E		J
pass 합격	path 통로	パス
bus 버스	bath 목욕	バス

E의 유성마찰음 [z]와 [ð]도 J의 ザ行으로 통합된다.

(3) E의 [b]와 [v] → J의 [b]

E의 양순유성마찰음 [v]가 일본어 자음체계에는 결여되어 있으므로 이를 양순유성파열음 [b]로 대치한다.

E		J
best 최상	vest 조끼	ベスト
bulb 전구	valve 진공관	バルブ
bail 보증인	veil 그물망	ベイル
boil 삶다	voile 얇은천(프)	ボイル

일본어외래어의 이상과 같은 자음의 통합은 동음어를 많이 만들게 되고 [v]음의 청취와 발음에 있어 정확성을 잃게 되어 커뮤니케이션을 장애요인으로 지적된다.

3.5 음절의 생략

일본어의 어휘구조는 2박어를 기본으로 하고 있다고 볼 수 있다. 고유어는 て(手), め(目), た(田)와 같은 1박어, やま(山), はな(花)의 2박어, つくえ(机)와 같이 3박어 구조가 다시 결합하여 복합어를 구성한다. 한어는 2字語가 많아서 3박어와 4박어의 수가 많은 부분을 차지한다. 한편 외래어의 어휘들은 4박어 어휘들이 기본을 이룬다.11) 그러나 영어의 외래어들은 5음절이상의 어휘가 많고 Ⅲ.1과 Ⅲ.2에서 고찰한 음절의 첨가현상으로 불가피하게 다음절어 외래어어휘가 많이 나타난다. 따라서 일본인들의 언어생활의 감각에 맞도록 3박어 내지 4박어로 생략형을 만드는 현상이 나타나게 된다. 생략내지 음절의 축약, 탈락현상을 이하에서 몇 가지 유형으로 정리해 보기로 한다.

(1) 앞부분 음절의 생략
2박어 : (ネク)タイ　　　　　　　(コカ)コーラ
3박어 : (テニス)コート　　　　　(アルミ)サッシュ
4박어 : (アイス)クリーム
5박어 : (ドライ)クリーニング

(2) 뒷부분 음절의 생략
2박어 : コネ(クション)　　　　　キロ(グラム)

---

11) 加藤彰彦外, 1989, 『日本語概説』p.81, 桜楓社

3박어 : アニメ(-ション)   テレビ(ジョン)
4박어 : インフレ(-ション) アパ-ト(メント)
5박어 : ランニング(シャツ) オ-トバイ(ク)

(3) 중간부분 음절의 생략
　　リモ(-ト) コン(トロ-ル)　　→ リモコン
　　パ-(キン)グ　　　　　　　→ パ-ク

 이상의 생략형에서 생략되는 부분의 특징을 살펴보면 영어의 原音의 발음에 있어서 강세가 없는 부분이다. 즉 모음을 동반하는 음절은 成節音[12]이며 그렇지 않은 非成節音의 부분이 흔히 생략되는 것이다. 그것은 강약악센트 체계를 가지는 영어의 어휘가 일본어에 들어올때 강세가 없는, 특히 어두와 어말의 강세가 없는 모음이나 자음들이 생략되거나 그 부분의 모음이 무성화하거나 연모음 동화를 일으켜 음절이 융합해 버리는 것이다. 뒷부분 음절이 생략된 (2)의 용례들은 대부분 강세(stress)가 없는 어말음절자음 중 무성자음[t], [f], [s], [k], [ts]들이었다.

 그러나 음절의 생략현상은 엄밀한 의미에서는 음운현상 만이 아니고 문법적 요인과 깊은 관련이 있음을 알 수 있다. 특히 외국어의 어형을 받아들일 때 자국어의 문법범주에 없거나 또는 변별력이 약한 문법요소들이 무시되어지고 그것이 외래어음에 반영되는 것이다. 그 중 몇가지를 이하에서 고찰해 본다.
 어말음절의 생략에서 과거분사 '-ed'가 형용사적으로 쓰여 복합어를 이루고 있을 때, 복수어미 형태소의 '-s', 동명사 어미 '-ing' 등이 일본어 외래어에서는 빈번히 생략현상을 나타낸다.

---

[12] 음성은 듣는 이의 귀에 도달하는 에너지의 양이 각각 다르며 이를 공명도(sonority)라 한다. 대체로 모음은 자음보다 공명도가 높고 유성음이 무성음보다 크다. 영어의 모음은 성절음(syllabic sound)이라 부를 수 있다.

(1) '-ed'의 생략
　　プレス(pressed)ハム　　　　　リザーブ(reserved)シート

(2) '-s/es'의 생략
　　スリッパ-(slippers)　　　　　サングラス(sun glasses)

(3) '-ing'의 생략
　　スケート(skating)　　　　　　スキー(skiing)

위의 생략현상은 일본어에서 명사의 문법적 性과 単数 複数의 구별, 格의 변화가 없으므로 영어의 문법범주와의 차이에서 발생하는 문제로 간주된다.

3.6 일본식 영어(和製英語)

Ⅲ.3, Ⅲ.4, Ⅲ.5에서 살펴 본 바와 같이 영어의 어휘가 일본어에 차용되어 일본어외래어가 되는 경우에는 대체로 음절이나 어형이 원어보다 단순화되는 것을 확인할 수 있었다. 그 밖에도 이중모음의 [ei], [au]등이 단순모음 또는 장모음화 하는 현상13) 등이 있다.

그러나 Ⅲ.5의 비교적 음운적 규칙성을 띄우는 생략 이외에 통사적, 의미적 요소가 결합되어 영어나 다른 외국어에 없는 독특한 어휘들이 만들어지며 이들이 일본어외래어에서 차지하는 비율이 너무나 많아지고 있으므로 이를 Ⅲ.5와 구별하여 일본식영어라고 부르기로 한다.

일본식영어에 대한 명칭은 다음과 같이 다양하다.

---

13) サブウェ-(subway)의 [ei], オ-ト-バイ(autobike)의 [au], -er, -or, ar, y의 장모음화

日本製外来語 : 文化庁(1976:67)
和製外来語 : 石野博史(1989:117)
和製英語 : 石野博史(1983:239)
日本製外来語 : 崔春吉(1992:90)

위의 다양한 표현들에 대하여 본고에서는 '일본식 영어'로 부르기로 한다.

石野博史(1983:239-241)에서는 1973년 외래어에 관한 설문조사에서 10개의 일본식 영어에 대한 의견을 물은 결과 응답자의 80%가 방송에서 이들 어휘들을 사용해도 무방하다는 반응을 보이고 있었다. 설문조사에 사용된 어휘와 그 지지율은 다음과 같다.

<표 10> 방송어휘에 대한 의견조사

ベース アップ	97.1%	プラスアルファ	88.1
マイカー	95.3	レベルアップ	84.13
ワクマン	93.5	イメージチェンジ	82.14
バトンガール	90.5	コストダウン	79.17
ベッドタウン	89.7	イメージアップ	79.17

그것은 방송, 신문, 잡지 등 매스미디어의 용어로 더 이상 만들지 말아야 한다는 일분의 저항감에도 불구하고 새로운 어휘를 만들어 가는 수단으로 받아들여지고 있는 것 같다. 즉 일본식 영어는 외래어의 어형, 음운, 의미가 일본화된 것으로 최근에는 어휘레벨을 넘어서서 구문레벨로 까지 발전하고 있다.[14]

---

14) ドント アップ値上げ反対 즉 가격인상 반대라는 광고문. ストップ, ザ サトウ는 ×××政権 물러나라라는 구호문 등이 있다. 그 외에도 한자어+する형으로 활용을 하는 어형도 있다.

パート(part time)　　　フェミ(feminine) 男
PR(propaganda)　　　インターハイ(high school)
DK(dinning kitchen)　　マスコミ(communication)

위의 용례들에서는 뒷부분 음절을 생략하여 3박어 내지 4박어로 축약한다. 그러나 전후 모두를 축약하여 4박어로 만드는 경우도 빈번하다. 그것은 漢語에서도 4字숙어를 2字로 축약하여 4박어(仮名로 4字)로 만드는 현상이 빈번히 일어나고 있다.

セコ(second) ハン(hand)　　→ セコハン
クレ(crayon) パス(pastel)　→ クレパス
パート(part) タイ(time)　　→ パトタイ
コレ(correspondence) ポン　→ コレポン
アフ(after) レコ(recording)　→ アフレコ
ハン(hunger) スト(strike)　→ ハンスト
リモ(remote) コン(control)　→ リモコン

4. 맺는말

현대일본어의 외래어에는 영어로부터의 차용어가 전체의 80% 정도를 차지하고 있다. 본고는 한국어, 아이누어, 산스크릿어, 폴투갈어, 화란어, 스페인어, 이태리어, 프랑스어, 독일어, 러시아어 등에서 들어간 외래어의 용례들은 분석대상에서 제외하고 영어를 原語로 하는 외래어들의 음성적인 특질을 다루어 보았다. 원어의 음운체계와 일본어의 음운체계의 차이에서 오는 몇 가지 현상들을 음절의 첨가와 생략을 중심으로 정리해 보았다. 악센트와의 관련에 대하여는 다음의 연구과제로 삼기로 한다. 그리고 역사적 변천과정에서 한가지 이상의 외래어 어형이 발음과 표기에서 공존하고 있는 현상들에 대한 것도 앞으로의 연구에 맡기기로 한다.

Ⅰ.2 화제외래어의 음절구조*

1. 들어가기

    외국어의 어형이 다른 언어에 유입되면 대체로 同化현상이 나타난다. 그 때 발음은 借用되는 외국어와 비슷한 발음으로 대치되며 구조는 받아들이는 언어의 구조에 알맞게 同化한다. 일본어의 경우 古代에는 漢語가 중국의 문화어 더불어 들어왔고 불교문화와 함께 많은 借用語가 유입되었다. 당시에는 漢語가 일본의 고유어인 和語에 대하여 非和語的 音相으로 받아들여지기도 하였다. 漢字는 表意(表語)文字이며 음의 결합이 단조롭다. 중국어는 多音節語이며 1語는 1음절로 발음되며 음절구조는 상당히 복잡하다. 그러나, 漢語는 중국으로부터 오랜 기간에 걸쳐 여러 지방으로부터 많은 양의 어휘가 일본어에 유입되었으므로 일본인들에게는 외래어라고 하는 느낌이 약했다. 漢語가 일본어의 어휘체계에 차용될 때 1拍 내지 2拍으로 일본어의 음운체계에 맞게 차용되었다.

    한편 漢語를 제외한 나머지 외국으로부터의 차용어들은 한어와는 달리 대부분 表音文字인 아이누어, 조선어, 산스크리트어, 포르투갈어, 스페인어, 네덜란드어, 독일어, 프랑스어, 러시아어 등이었다. 이러한 서양으로부터의 외래어들은 서구의 문명과 더불어 중세 이후 근세와 현대에 이르기까지 일본어의 어휘에 차용되어져 왔고, 가타가나(カタカナ) 또는 로마자로 표기되어 사용되고 있다.

---

*『日本学報』第41輯, 韓国日本学会, 1998

고유어인 和語에 대하여 漢語와 洋語는 차용어 또는 外來語라고 불리우며 이들 세 가지의 語種이 서로 결합하여 만들어지는 混種語와 함께 일본어의 어휘체계를 이루고 있다.

本稿는 근세 이후 현대 일본어의 외래어의 語形들에 대한 音相과 音節의 특징을 밝히고자 하는 것으로서, 古代日本語에서 볼 수 있었던 和製漢語[1]와 같이 차용된 原語의 語形과는 다른 일본특유의 和製外來語[2]가 일본어의 외래어에 포함되어져 있고 新語가 만들어 질 경우에 차용어로서 현대일본어의 어휘체계에 들어오는 단계를 넘어서서 일정한 造語力을 가지고 만들어지고 있는 현상에 대한 관심에서 출발한다. 즉 和製外來語는 漢語의 造語力과 마찬가지로 일본어의 어휘체계와 음운체계에 변화를 일으키고 있다고 볼 수 있다.

조사의 자료는 自由国民社의 「現代用語の基礎知識」1997年版의 外來語 색인에서 和製外來語 650語를 가려내어 분석하였다.

2. 외래어의 증가현상

외래어(foreign borrowed word, loan word)는 몇 가지 조건에서 外國語(foreign language)와 구별된다.

첫째, 일반 언어대중이 오랫동안 보편적으로 널리 사용하는 어휘이며,
둘째, 그 단어에 해당하는 고유어의 어휘가 없는 것으로서,
셋째, 외국에서 들어온 어휘이어야 하며,

---

[1] 返事, 出張, 見物, 大根, 火事 등과 같이 한어에 없는 일본어 특유의 한자어로서 이를 漢語와 구별하여 字音語라고 부른다.
[2] 일본식 외래어, 和製 英語 등으로도 불리운다.

넷째, 받아들여진 언어체계에 융화된 어휘를 가리킨다.

이렇게 볼 때, 일본어의 어휘는 고유어와 외래어로 나눌 수 있고, 고유어는 야마토고토바(大和ことば)라고도 하는 和語를 가리키고, 외래어는 넓은 의미로는 漢語를 포함하나 좁은 의미로는 한어를 제외한 洋語들을 가리키는 경우가 많다. 本稿는 후자 즉 서양으로부터 유입되어 일본어에 들어간 어휘들을 외래어라고 부르기로 한다.

현대 일본어의 시대 구분은 明治維新(1868) 이후 2차대전이 끝나기까지를 근대로 하고, 그 이후로부터 현재까지를 현대로 하는 입장을 따르기로 한다. 근대와 현대는 일본의 근대화와 관련이 있고, 근대국가의 체제를 갖추어 가게 되는 시기였다는 점에서 일본어에서도 커다란 변화가 있어왔다. 외래어도 그러한 근대화의 요청과 더불어 다량으로 유입되었던 시기에서, 고유어를 보호하고자 하는 인식에서 번역어를 장려하고, 외래어를 정책적으로 제한했던 시기를 거쳐서, 다시 번역어가 아니고 원어의 音相과 비슷한 어형으로 현대 일본어의 어휘 량의 분포를 바꾸어가고 있다.

현대 일본어에서 외래어가 차지하는 비율은 주요 사전들의 표제어에서 대체로 10.9% 정도로 나타나고 있다.

새로운 개념이나 문물이 만들어지거나 외국으로부터 들어오게 되면 自國語로 번역하여 訳語로 쓰느냐 그대로 原語로 받아 들이냐의 문제가 대두된다. 이론적으로는 많은 경우에 번역어휘가 등장하게 된다. 그러나 현실적으로는 차용어휘가 외래어의 형태로 언어대중의 감각을 자극하고 유행하며 매스컴 등의 영향으로 정착되어 버리는 경우가 많다. 한국어가 외래어의 차용에 있어서 "국어순화"라는 입장에서 적극적인 수용을 억제하고 있는 것과는 대조적으로 일본어에 있어서는 여러 가지 복합적인 요인으로 한국어의 4.4%의 비율의 두 배 이상의 외래어 어휘의 분포를 나타내고 있다. 차용어의 유입은 새로운 문물, 사상, 감각 등에 대해서 정보의 지시기능을 담당하는 일차적인 기능을 담당한다. 그러나 그 이외에도 신선한 어감을 가지고 들어오게 되므로 정책적인 저항에도 불구하고 고유어나 번역어와 경쟁현상을 일으키고, 일정기간 동안 共存 또는 倂用의 단계를 거쳐서 외래어 어휘로서 정착하는 현상을 볼 수 있다.

일본어에서 차용어가 번역되어 받아들여질 때 한자 1語(2음절어) 또는 한자 2語(4음절어)로 번역되는 데는 한계가 있고 同音語와 類音語가 많이 생성되는 것이 문제점으로 대두된다. 따라서 이를 극복하기 위한 대안으로 混種語의 형식으로 新造語를 만들어 가게 된다. 혼종에는 서로 다른 어종들이 결합하여 하나의 어휘를 만들어 내는 것을 가리킨다. 混種語 중에서 대체로 「외래어 + 한어」[3] 또는 「한어 + 외래어」[4]의 단위가 보편화되고 있다.

현대일본어의 어휘사용에 관한 조사로서 1956년 국립국어연구소의 잡지 90종을 대상으로 한 어휘조사를 들 수 있다.

국립국어연구소는 ①문예 평론지(「群象」, 「世界」, 「中央公論」 등의 잡지), ②대중잡지(「週刊朝日」, 「サンーデー毎日」, 「文芸春秋」 등), ③실용 잡지류(「自然」, 「実業の日本」, 「農業世界」, 「保健同人」 등), ④부인용 잡지(「婦人倶楽部」, 「主婦之友」, 「婦人公論」 등), ⑤취미, 오락지(「アサヒ カメラ」, 「映画之友」, 「オール読物」, 「族」, 「野球界」 등) 잡지 90종에 나오는 어휘를 나오는 빈도의 총수인 '延べ語' 数와 여러 번 나오는 어휘를 표제어만으로 계산한 '異なり語' 数에 따라 분석집계 하였다.

조사 집계된 어휘 량은 異なり語가 30,331語였고, 延べ語가 411, 972

---

3) バイキング料理, トンネル会社, ムーンライト産業 등
4) 満タン, 脱サラ, 生ビール, 女子プロ 등

語였다. 그 후 10년이 지난 1966년에는 주요 일간지인「朝日新聞」,「毎日新聞」,「読売新聞」의 朝刊과 夕刊 1년 분을 대상으로 실시하였다. 그리고 1974년에는 일본의 고등학교 사회 과와 자연과목의 용어를 조사하여 1983년 보고서로 발표한 바 있다. 어종 별 분포는 <표1>과 같다.

<표 1> 일본의 국립국어연구소의 어휘조사

어 종	잡지 90종	신문어휘	고교 교과서
고유어	36.7	38.8	14.7
한 어	47.5	44.3	58.8
외래어	9.8	12.0	6.1
혼종어	6.0	4.8	0.7
			인명, 지명 22.6

*숫자는 백분율을 나타냄

<표1>에서 나타나는 바와 같이 문장체의 어휘사용에 있어서 외래어는 1956년에서 1966년 사이에 크게 증가를 보이고 있다.

한편, 1980년 도쿄를 중심으로 근교에 살고 있는 일본어교육 내지 일본어학관계 연구자 7명의 발화와 그들의 대화의 상대자들과 대화 내용을 총42시간에 걸쳐 녹음한 회화체 문장(話しことば)의 어휘 분석으로 녹음 조사의 결과는 <표2>와 같다.[5]

<표 2> 회화체 문장의 조사결과

어 종	백분율
고유어	46.9
한 어	40
외래어	10.1
혼종어	3.0

5)「日本人の知識階層における話しことばの実態」,「言語」연구보고서(1980)

한편 사전에서의 외래어의 전체 어휘 량에 대한 분포로는 1982년「三省堂国語辞典」(제3판)에서는 전체 표제어의 65,000어의 10.9%를 차지하는 것으로 나타났다.

이러한 조사 보고와 더불어 1981년 일본의 출판계의 잡지 총목록 181종의 이름을 분석한 결과 146종의 이름이 가타가나어(カタカナ語)와 외래어로 나타났다. 그것은 전체의 80.7%를 차지하는 높은 비율을 나타냈다. 이를 분야별로 전체 목록에 대한 외래어로 된 잡지명의 비율로 비교하면 <표3>과 같다.

<표 3>[6] 잡지의 외래어 분포

분야별	백분율	분야별	백분율
유아, 아동, 그림책	63.8	음악잡지	91.7
중고생 잡지	38.9	교재	25.0
여성지(월간)	61.3	연극, 영화	78.2
주간지	50.75	코믹	94.9

즉 유아, 아동, 음악관련 잡지, 연극, 영화, 코믹관련 잡지 등의 이름에서 외래어의 사용 현상이 높은 비율로 나타나고 있다.

그밖에 新語에 있어서의 외래어의 차지하는 비율은 <표4>와 같이 증가추세를 보이고 있다.

<표 4>「現代用語の基礎知識」에 나타난 외래어

연도	외래어 어휘	백분율
1960	4,271어	43.1%
1980	13,499어	56.6%

---

6) 寿岳章子 1982「現代の命名法」『現代の語彙』講座日本語の語彙7 p.151참조 明治書院

이상의 어휘조사들에서 보이는 바와 같이 분야별, 시대별 차이는 있으나 현대 일본어에서의 외래어의 증가 추세는 매우 현저하다고 말할 수 있다. 明治期에는 漢語가 다이쇼(大正)와 쇼와(昭和), 그리고 헤세(平成)期에서는 洋語인 외래어의 증가추세가 계속되고 있다고 볼 수 있다.

이와 같은 외래어의 급격한 증가현상에 대하여는 찬성론과 비판론이 있다. 일본인들은 역사적으로 일찍부터 외국의 문물에 대하여 적극적인 수용의식을 가지고 있어서 일본어로 고치기보다는 외래어로 받아드리려는 경향이 있다.

찬성론자들은 국제화 추세에 어울리게 적극적으로 외래어를 도입해야 하며, 외래어의 도입으로 인해서 일본어의 어휘체계가 붕괴하지는 않는다고 주장한다.

한편, 비판론자들은 현대일본어의 가타가나 어휘들을 정리해야 하며 매스컴 등에서의 사용을 억제해야 할 것이라고 지적한다. 파생, 합성, 단축 등에 의해 생성되는 새로운 외래어 어휘들은 일반 대중에게는 이해하기 어렵고 부담을 가져온다고 비판하는 입장도 있다.

3. 일본어 음운체계에의 영향

외래어음은 일본어의 음운체계에 들어올 때 '原音主義'에 따라서 일본어의 음운체계에 맞게 가장 近似한 발음으로 받아들여지고 표기체계에 반영되는 과정을 거쳐서 정착된다. 일본어 외래어의 어원별 분포를 보면 영어로부터의 차용어가 전체의 80.8%로 나타난다. 그것은 2차 대전 종전 이후 급격한 증가추세를 보인다. 특히 영어를 직역하거나 일본식으로 단축형을 만들기도 하고 합성어를 만들어 간다. 이와 같은 和製英語는 新

語의 造語과정에서 빈번히 일어난다. 2개국어의 어원의 결합으로 만들어진 和製외래어의 용례로는 다음과 같이 부분적으로 영어와 결합하는 현상이 보인다.
(영어 : E, 프랑스어 : F, 독일어 : G, 이태리어 : I, 포르투칼어 : P, 스페인어:S, 러시아어 : R로 略한다)

① E+G : フリ-タ-(free+ Arbeiter)
② G+E : メルヘンチック(Maerchen+~tic)
③ E+F : メンズ・エステ(men's+esthetic)
④ F+E : カフェ・テラス(cafe'+terrace)
⑤ E+P : ミルク・パン(milk+pan)
⑥ I+E : グッチャ-(Gucci+er)
⑦ S+E : アミ-ゴ・バンド(amigo+band)
⑧ R+E : コンビナ-ト・システム(Kombinat+system)

외래어 音이 일본어 음운체계에 미치는 영향으로 다음과 같은 몇 가지 특징을 들 수 있다.

(1) 영어 모음의 일본어화

<표 5>[7] 영어의 단모음의 일본어화

E	J	E	J
[æ] [ə] [ʌ] [a]	→ [a]ア	[ə] [əːr] [aː] [aːr]	→ [aː]ア-
[i]	→ [i]イ	[iː]	→ [iː]イ-

---

7) 日本語教育指導参考書16『外来語の形成とその教育』国立国語研究所 p.52, 1990.

[u] → [u]ウ	[uː] → [uː]ウ-
[e] → [e]エ	[eː] → [eː]エ-
[ɔ] ⎫ [a] ⎪ [ɔː] ⎬ → [o]オ [ɔːr] ⎪ [ou] ⎭	[ei] ⎫ [ɔː] ⎪ → [oː]オ- [ou] ⎪ [ɔːr] ⎭

<표5>에서 알 수 있는 바와 같이 영어의 모음의 수가 일본어에 비해 많으므로 이를 받아들이는데 있어서는 音相이 유사한 일본어의 5모음 체계로 통합될 수밖에 없다. 이중모음은 <표6>과 같이 두 개의 모음의 연속으로 나타난다.

<표 6>[8] 영어의 이중모음의 일본어화

E	J
[ai]	[ai]アイ
[au]	[au]アウ
[ɔi]	[oi]オイ
[iə]/[iər]	[i(j)a]イア/ヤ
[eə]/[eər]	[e(j)a]エア/エヤ
[ɔə]/[ɔər]	[oa]オア
[uə]/[uər]	[ua]ウア

---

8) 上掲書, p.53, 1990.

(2) 영어 자음의 일본어화

<표 7> 영어자음의 통합

E	J
[r] [l]	[l]ラ행
[s] [θ]	[s]サ행
[z] [ð]	[z]ザ행
[b] [v]	[b]バ행

<표7>과 같이 영어의 각각 다른 두 개의 음소가 일본어의 하나의 자음으로 통합되면 변별적 기능을 잃게 되고 동음어가 많이 나타날 수밖에 없다. 이러한 한계점을 극복하기 위하여 「외래어 1단위어+한자」형식의 혼종어가 보편화되고 있다.

(3) 음절 구조의 재구성

일본어의 음절(拍)은 학자에 따라 다소 차이를 보이며 근세이래 현대 일본어에서 102~117개로 간주되어 왔다. 1990년 (2월7일) 일본의 국어심의회가 「외래어의 표기」라는 제목으로 일본 정부에 건의한 내용에는 종래의 음절수에 외래어 음절을 표기하기 위한 새로운 음절들이 추가되었다. 그 결과 일본어의 외래어의 발음과 표기가 원어에 더 가깝게 접근할 수 있게 되었다고 볼 수 있다.

(4) 악센트의 일본어화

강약악센트(stress accent) 체계를 가지는 서양어가 고저악센트(pitch

accent) 체계인 일본어에 들어오면서 강세가 고저로 대치되는 현상이 나타난다.

4. 和製外来語 音節의 몇 가지 특질

일본어 외래어의 語源別 조사결과에 의하면 72%～89%가 영어를 원어로 하고 있음이 밝혀졌다. 국립국어연구소(1962)의 보고에서도 2,964어의 외래어의 분석 결과 그 중 81%가 영어로부터의 차용이라고 나타났다.

本稿의 조사대상인 1997年版 「現代用語の基礎知識」에서 추출한 和製外来語의 어원별 분포는 앞의 3항의 결합형식에서 살펴본 영어와 다른 언어들의 결합 예와 영어와 和語, 영어와 漢語 등의 語例를 제외한 대부분이 영어를 원어로 하고 있다고 말할 수 있다.

단순어와 복합어의 비율을 살펴보면 다음과 같다.

〈표 8〉 和製外来語의 어형

語形	語数	백분율
단순어	62어	9.54%
복합어	588어	90.46%
합계	650어	100%

〈표 8〉과 같이 和製外来語의 대부분은 복합어(합성어)이다. 단순어의 경우에도 외래어는 和語와 비교하면 음절수가 많은 것이 특징이라고 할 수 있다. 2개 내지 3개의 어휘의 의미를 직역하거나 유추함으로 복합어를 만들어낸다. 단순어의 합성에는 接辞에 의한 '派生'과 단순어의 語基

가 서로 결합하는 방법 등이 있다. 그러나 특별한 경우를 제외하고는 4개 이상의 단순어(또는 語基)가 합성하는 경우는 드물다.[9] 그것은 발음시의 음성기관의 呼気와 吸気 작용과 관련되며 화자와 청자 사이의 커뮤니케이션에 있어서 상대방(聞き手)의 주위를 환기시키는데 있어서 多音節語는 장해요인이 될 수 있기 때문이다.

4.1 開音節化

한편 음절의 종류는 크게 두 가지로 구분한다. 첫째는 음절의 끝부분이 모음으로 끝나는 개음절이며, 둘째는 음절의 끝부분이 자음으로 끝나는 폐음절이다. 한국어를 비롯한 영어, 그 밖의 서양어들에는 개음절과 폐음절이 자유롭게 나타나고 있다.

일본어의 음절구조는 특수 박인 /N/을 포함하는 CVN형과 촉음/Q/를 포함하는 CVQ형을 제외하면 모든 음절유형이 V형 또는 CV형의 유형을 나타낸다. 즉 일본어 음절의 대표적 유형이 CV형의 開音節(Open Syllable) 구조인 것이다.

한편, 영어와 그 밖의 서양의 언어들이나 한국어에 있어서는 CVC형(閉音節)구조가 빈번히 나타난다. 이와 같은 음절구조의 차이로 인하여 和製外来語의 경우에도 /N/과 /Q/를 포함하는 음절 이외의 모든 拍이 모음을 추가하려는 경향이 두드러지게 나타난다. 다시 말하면 음절말 자음과 모음을 동반하지 않는 자음음절들에 모음을 삽입되어 CV구조로 바뀌는 현상이다.

---

9) 野村雅昭「語種と造語力」『日本語学』Vol.3 1984 9月号 明治書院

Ⅰ.2 화제외래어의 음절구조 47

<표 9> 영어로부터의 외래어 음절유형

음절수 \ 언어별	E(원어)		J(차용된 외래어)
3음절어	CVC	→	CVCV
4음절어	CVVC	→	CVVCV
	CCVC	→	CVCVCV
	CVCC	→	CVCVCV
5음절어	CCCVC	→	CVCVCV
	CVCCC	→	CVCVCV
	閉音節	→	開音節

本稿의 조사 자료를 무작위로 ア行에서 ワ行까지 각 行에서 10語씩 和製外来語의 용례를 추출하여 語末音節을 검토해 보았다.

<표 10>

ア行	アジプロ　アパ・テル　イジ-オ-ダ-　イメクラ　ウ-マン・リグ　ウルトラ・エ-ジ　エレキ・ギタ-　エンゲ-ジブル　オ-ダメ-ド　オタコン
カ行	ガム　カルチャ-・ミセス　キャリア・バンク　キ-・タッチ　グラマ-　グラ・サン　ゲ-ム・セット　ゲラ　ゴ-ルデン・アワ-　コンビニスト
サ行	サブ・ノ-ト　サラダ・ガ-ル　シニア・マンション　シルバ・プラン　ズケボ-　スタ・メン　セラ・コンセル・モ-タ-　ソ-プ　ソフト・ジンズ
タ行	タイム・アップ　ダチ・アカウント　チョコ・バ-チャ-ム・ポイント　ツ-トン・カラ-　ツ-・ショット　テクノ・サウンド　テレ・ションップ　ドア・ストッパ-　トイレ・タイム
ナ行	ナイス・ミドル　ナショナル・ミニアム　ニ-・オ-バ-ニュ-・フェ-ス　ニュ-・リッチ　ノ-・カット　ネガ・カラ-　ネック　ノ・ミス　ノ・プロ
ハ行	バイオ・フラワ-　バケ　ピ-チ　ピット・イン　ファミ・コン　フ-ル・メンバ-　ヘア・ルック　ベビ-サ-クル　ホテションホ-ムシンク

マ行	マイ・カ- マリ・コン ミドル・ティ-ン ミルク・スタンド ム-ライト産業 メ-カ メンタル・フレンド メンズ・エステ モノコミ モ-ニング・シャンプ-
ヤ行	ヤング・ミセス ユ-ス・コミュニティ ヨツ・テル
ラ行	ラジカセ ライト・バン リ-ス・マンション リスト・アップ ル-プ-タイ ルポライタ レサ-ランド レベル・アップ ロマンス・カ- ロッカ-・ベビ-

이상 총 83語의 語末音節 중에서 開音節이 70어(84.3%)이며, 그 중에는 장모음음절이 17語 포함되어 있었다. CVN(자음 + 모음 + 하네루옹)의 撥音을 포함하는 語末의 閉音節은 13어(15.7%)였다.

영어를 開音節化 할 때 다음과 같이 모음이 삽입 또는 첨가된다.
① [t], [d] + [o]
キルドケット、 コスト・ダウン

② [tʃ], [dʒ] + [i]
キャッチ・ホン、 ステ-ジ・ママ

③ 그 이외의 자음 + [ɯ]
サ-ビス・ドック、 テレタイプ、 ドライブ・マップ

4.2 多音節化

<표9>에서 영어의 음절과 일본어에 들어와 외래어로 된 음절의 수를 비교해 보면 <표11>과 같이 차이를 나타내고 있음을 알 수 있다.

〈표 11〉 원어와 일본어외래어의 음절수의 비교

E	J
3음절어	4음절어
4음절어	5/6음절어
5음절어	6음절어

위와 같이 일본어에 차용되면서 음절수가 늘어나는 이유는 어두자음과 음절말자음에 일정한 모음을 첨가하기 때문이다. 폐음절이 없는 일본어 음절로 개음절화하는 데서 일어나는 현상이다. 뿐만 아니라 원음의 이중모음은 일본어에서는 장모음이나 두 개의 단순모음으로 대치되므로 역시 원어의 음절수보다 증가할 수밖에 없다.

다음과 같은 복합어의 구성요소들은 영어와 일본어에서 음절수에 차이를 보인다.

① ～スト(ist)　　：アカデミ～
② ～ア-(er)　　　：キャチャ-
③ アップ(up)　　：リスト～
④ ダウン(down)　：スピ-ド～
⑤ アウト(out)　　：～コ-ス
⑥ サイド(side)　　：～ビジネス
⑦ イン(in)　　　：～コ-ス
⑧ バック(back)　：～ミラ
⑨ トップ(top)　　：～クラス
⑩ ノ-(no)　　　：～カウント(カン)
⑪ ノン(non)　　：～セクト
⑫ ハイ(high)　　：～ソックス
⑬ フリ-(free)　　：～サイズ

위의 비교에서 er, in, non, high는 영어의 1음절이 일본어에서 2음절로 되었고, ist, up, down, out, back, top, free 등은 영어의 1음절이 일본어에서 3음절로 바뀌었다. 이와 같이 原語에서보다 多音節化하는 현상은 장모음, 촉음, 모음의 첨가 등이 그 원인이라고 할 수 있다.

石野博史(1983:181)에서는 외래어는 조어력에 있어서 漢語나 和語에 비해 떨어지는 점을 지적한 바 있다. 그리고 음절수에 대한 언급을 통하여 和製外来語의 어휘들의 평균 박(拍)수를 5.95拍으로 보았다.

한편, 사전의 외래어에 대해서『日本語発音アクセント辞典』의 3,150어를 칸노(管野謙)가 조사하여 보니 단순어에서 평균 4.10拍(4박어 35%, 3박어 28%, 5박어 21%)이고, 복합어에서 평균 6.70拍(6박어 35%, 7박어 27%, 5박어 14%, 8박어 14%)으로 집계되었다.[10]

4.3 音節의 短縮

일본어 어휘의 漢語의 외형상의 특징으로 2字漢語가 많다는 점이다. 1956년의 국립국어연구소가 잡지 90종을 대상으로 실시했던 어휘조사에서 한자 2字語는 延べ語의 85%와 異なり語의 90%를 차지하는 것으로 나타났다. 그후 1966년의 신문의 어휘조사에서 외래어의 拍数를 보면 延べ語에서 3박어가 29.5%, 4박어가 28.8%이며, 異なり語에서는 3박어가 21.7%, 4박어가 25.7%로 나타났다. 즉 延べ語의 절반이 넘는 58.3%가, 異なり語의 47.4%가 3박어와 4박어로 나타났다. 이와 같이 외래어는 3박어와 4박어가 전체의 50%에 미치지 못하고 다음절어로 확대되어간다. 마츠이(松井利彦, 1982:155)는 외래어의 多音節語들이 2박어로 단축되는 현상은 和語와 漢語의 2박어의 영향이라고 지적하며 복합어에는 4박

---

10) 石野博史, 1983.『現代外来語考』, 大修館書店, p.181

어가 보편적이라고 하였다. 和製外来語는 단순어보다 대부분이 복합어이며 4박어가 많고 동음어를 피하기 위해서는 「한어 + 외래어」 또는 「외래어 + 한어」의 혼종어의 형식이 빈번히 나타난다.

음절의 단축은 축약, 탈락, 생략 등으로 만들어지며 前部, 後部, 前後部의 동시생략이 가능하다. 생략되어지는 부분은 통사적으로는 복수형(s, es), 현재분사(-ing), 과거분사(-ed) 등이며, 음성적으로는 영어의 강세가 없는 음절이 대화에서 잘 들리지 않으므로 차용되어질 때 일반 언어 대중은 이를 발음하지 않고 간과되어 버리는 일이 일어난다. 특히 어말음절은 잘 들리지 않으므로 탈락되는 경우가 많다.

음절 단축의 패턴

本稿의 조사에서는 가장 짧은 2음절어(アポ, イド, オペ)로부터 가장 긴 17음절어(アニマル・コパニオン・コンサルタント)까지의 語彙가 나타났다. 그 중 6음절어가 가장 많고, 4음절어와 7음절어가 많이 나타났으며 이는 石野博史(1983:181)의 결과와도 일치한다. 이들 4음절어, 6음절어, 7음절어의 和製外来語의 구성을 통해 음절단축의 패턴을 몇 가지로 정리해 보기로 한다.

(1) 後部省略

  イラスト (illustration)
  エンス- (enthusiast)
  コレポン (correspondence)
  リストラ (restructure)
  ウ-マン・リブ (woman liberation)
  スクランブル (scrambled egg)
  ステアリング (steering wheel)
  ファション・ビル (fashion building)

スロ-モ- (slow motion)
コ-ク・ハイ (coke highball)
ニュ-テクノ (new technology)
ツアコン (tour conductor)
スロ・ビデオ (slow videotape)
マンション・プロ (mansion production)

(2) 前部省略

バイト (Arbeit)
ガム (chewing gum)
ネック (bottle neck)
クリ-ニング (dry cleaning)
キャスタ- (news caster)

(3) 前・後部생략

① グロ-・カル (global local)
　　コミ・ケット (comic market)
　　エコ・トピア (ecology utopia)
② カルテク (culture technique)
　　イタ・カジ (Italian casual)
　　アメ・カジ (American casual)
　　オリ・コン (original confidence)
③ デル・カジ (model casual)
④ バゲ・トラ (baggage trouble)
　　トレパン (training pants)
　　パンスト (panty stocking)
　　リモコン (remote controller)
　　ゼネスト (general strike)
　　アフレコ (after recording)
⑤ マベ・パ-ル (marble pearl)

エンゲ-ジブル (engagement blue)
アンダグラマネ- (underground money)

　이상과 같은 다양한 패턴에 의해 외래어의 단축어는 만들어지는데 이 때 문제점으로 대두되는 것이 同音語의 구별의 문제이다. 이 때 한자의 동음어보다 더 문제가 된다는 지적이 있다.11) 왜냐하면 한자와는 달리 가타가나 표기이므로 뜻 구별에 있어 변별이 어렵다는 것이다.

4.4 새로운 음절의 보편화

(1) 濁音과 半濁音의 음절의 증가

　일본어 고유어인 和語에는 자주 나타나지 않는 [b], [d], [g]와 [p]음을 포함하는 유성음이 일본어 외래어의 단어에서는 어두위치에 나타나며 이들은 외래어 성분으로 간주된다.

　　① ガ行 : ゴ-ル・イン　　　ガ-ル・ハント
　　② ダ行 : ドント・マインド　ダブル・スパイ
　　③ バ行 : バイオ・フラワ-　ドリンク・バック
　　④ パ行 : パソ・コン　　　パラボラ・エ-ジ

(2) 拗音節

ライフ・マネ-ジャ-　　エキジビション　　シルバ-・マンション
エネルギシュ

---

11) 松井利彦, 1982, 前掲書. p.156

등과 같이 외래어 음절에는 원음(原音)에 가까운 발음을 위해서 拗音의 증가현상이 현저하다.

五十音図의 일본어 拍은 크게 直音과 拗音으로 나누어지며 이를 다시 清音과 濁音으로 나누면 拗音節은 <표 12>와 같다.

<표 12> 일본어의 요음절(拗音節)

	清	音		濁	音	
カ	キャ	キュ	キョ	ギャ	ギュ	ギョ
サ	シャ	シュ	ショ	ジャ	ジュ	ジョ
タ	チャ	チュ	チョ	ヂャ	ヂュ	ヂョ
ナ	ニャ	ニュ	ニョ			
ハ	ヒャ	ヒュ	ヒョ	ビャ	ビュ	ビョ
マ	ミャ	ミュ	ミョ	ピャ	ピュ	ピョ(伴濁音)
ラ	リャ	リュ	リョ			

1954년 국어 심의회가 문부대신에게 보고한 바「外来語の表記」에서는 교육에서 지도해야 할 기준으로 정해졌었다. 그런데 1990(平成2)년에 内閣告示「外来語の表記」에서는 '될 수 있으면'이라는 표현으로 '관용적으로 쓰여지는 것은 그것에 따른다' 라고 덧붙여 통일되지 않고 몇 가지로 다르게 쓰여지고 있는 표기의 'ゆれ'(혼용)을 인정하기로 하며 외래어의 원음에 가까운 발음과 표기를 위해서 33개의 片仮表記를 인정하였다.

그 내용에는 외래어 음절 チュ ヂュ ヒュ ビュ 등이 포함되어 있다.

영어의 명사화에 쓰이는 tion, 형용사화의 ~cial, ~tial, 독일어의 형용사화의 ~isch 등이 일본어의 拗音節로 나타난다.

I.2 화제외래어의 음절구조 55

<표 13> 拗音音節의 語例

	요음을 포함하는 용례
ヤ	カルチャー・センター　キャシャー　グッチャー　コングロマーチャント　タテノリ・ジャンプ　バスト・コンシャス　ピンキャバー　ファジーカル　フィッシャリーナ　ホイール・キャッオウ　マルチチャネラー　モーニング・シャンプー
ユ	エネルギッシュ　カーベキュ　コングラチュレーション　コンピュータ　コンビュニケーション　シュール　トランスカジュアル　ネーム・バリュ　コミュニティ-ユニオン　プロチュア　レーン・シューズ　ユース・コミュニティ
ヨ	アタルト・ショップ　イラストレーション　インフレッション　バイオメディテーション　エキジビション　エロ・タクション　カプセル・ショーツ　シニア・マンショッ　シルバー・マンション　セレクタ・ショップ　テレ・ショップ　ハイビション　ツーショット

(3) ラ行音節

和語의 음절로는 드물게 나타나며, 외래어의 음절에서는 [r]과 [l]로 시작되는 영어의 어휘들이 보편적으로 나타난다. 이들은 부속어나 접미어로서가 아닌 자립어로 나타난다. 和製外来語(1997)로서 53語(8.15%)의 語例를 보이고 있다.

(4) 특수음절(促音節, 撥音節, 長音節)

和語的인 音節이 아니라고 알려져 왔던 3가지 특수음절이 외래어 음의 발음과 표기에 보편적으로 쓰이고 있다. 가타카나 ッ로 표기되는 促音은 뒤에 같은 자음이 오는 조건에서 역행동화 하는 소리이다.

영어의 'ng'는 일본어음의 'ング로 撥音節로 대치된다. 그리고 mn,

nn은 /N/으로 바뀐다.

 장모음음절은 어두와 어중에서 빈번히 나타난다. 특히 어말위치에서는 혼용이 인정되는 'ゆれ'의 예가 많다.

〈표 14〉 장음절어의 혼용

E		J
manager	マネージャー	マネジャー
international	インターナショナル	インタナショナル
elevator	エレベーター	エレベータ
computer	コンピューター	コンピュータ
speaker	スピーカー	スピーカ

5. 맺는 말

 외국어가 외국의 문물과 더불어 들어오기 시작하여 외래어로 정착되어 가는 현상은 문화의 수준이 높은 나라에서 비교적 덜 개발된 나라로 차용된다고 하는 고정관념은 현대언어생활에서는 크게 달라지고 있는 것 같다. 차용현상은 양 방향으로 일어나고 있으며 일본어의 경우에는 급격히 증가하는 외래어 중에는 일반 언어대중에게는 난해한 和製外来語라고 하는 어휘군이 있다. '워드프로세서(ワード・プロセッサー)'라는 외래어는 초기에는 9음절어로 쓰였고, 매우 생소한 어감으로 받아들여졌으나 차츰 주간지와 신문에 자주 나타나면서 단축형인 'ワープロ'가 만들어졌고 그것은 일본인들의 음절감각에 익숙한 4음절어로 정착되었다. 이와 같이 한자 2字語의 4음절어 발음생활에 어울리는 외래어의 단축형이나 어느 한 부분을 생략하고 다른 단어와 합성해서 만들어지는 '일본식 영

어' '일본식 외래어'에 대한 이해를 돕기 위해서는 의미와 통사적인 몇 가지 규칙과 더불어 음절 구조에 대한 구성요소들을 검토해 볼 필요가 있다고 생각한다.

특히 새로운 문물에 대해 만들어지는 新語와 外来語는 살아 움직이는 유기체와 같이 언어대중에게 다가오고 있다. 그뿐만 아니라 위의 두 가지는 언어사용자의 연령과도 깊은 관계를 보이고 있다. 1979년의 NHK가 실시하였던 외래어에 대한 의식조사(ことばの意識調査)에서「ことばの 의식조사」에서 보고된 바와 같이 20대 전반, 20대 후반, 30대 전반의 피조사자 그룹과 70대의 그룹사이에는 외래어의 수용의식이 크게 다르게 나타났다. 세대별 차이에도 불구하고 일본인의 외래어 지향은 부정할 수 없다.

그러나 외래어는 가타가나로 표기되면서 거리의 간판, 광고문, 상품명, 상점과 회사명, 영화, 방송 프로그램의 제목 등에서 눈에 띄게 범람하고 있다. 어휘교육의 측면에서 올바르게 지도하고 잘 이해할 수 있는 방안을 추구해 나아갈 필요가 있다고 생각된다.

제Ⅱ장 일본어외래어의 지도

Ⅱ.1 일본어의 혼종어외래어 교수모형*

1. 들어가기

일본어의 어휘체계는 한자어[1]가 상당부분을 이루고 있고, 일본어 고유어인 和語[2]와 서양으로부터 전래되어 온 외래어[3]가 있고, 현대일본어에서 점점 증가 추세를 나타내고 있는 혼종어[4]의 4가지로 구성되어져 있다.

어종(語種) 뿐만 아니라 그 표기체계도 다양하다. 일본어의 신문이나 서적을 읽기 위해서는 우선 한자어, 일본의 문자인 히라가나(ひらがな、平仮名)와 가타카나(かたかな 片仮名), 로마자 그리고 아라비아 숫자의 5종류의 문자를 이해해야 할 것이다. 일본어 어휘의 지도에서 외래어는 매우 중요한 부분이다. 서양의 언어들에서 차용되었으나 표기나 발음 면에서 원래의 어형과는 다른 형태로 사용되고 있어서, 서양인들에게도 난해한 외래어들이 많다. 그 중 한자어와 외래어가 결합된 혼종어외래어 어휘도 꾸준히 증가 추세를 보이고 있다.

본고에서는 이들 혼종어외래어를 한국인 일본어 학습자들에게 어떻게 지도하면 좋을까라는 문제를 중심으로 실제 교육현장에서의 교수모형을

---

* 「인문과학연구」, 상명대학교, 2004
1) 한자어는 漢語(かんご) 또는 자음어(字音語)라고 말하며 중국으로부터 전해져 온 어휘들이다.
2) 본래 일본어 고유의 어휘로 和語 이외에 固有日本語, 야마토고토바(やまとことば)라고도 부른다.
3) 중국 이외의 외국으로부터 일본어에 들어온 어휘들로 洋語 또는 외래어라고도 부른다.
4) 한자어, 고유어, 외래어의 3종류의 어휘 중 2가지의 어종의 결합으로 이루어진 어휘를 말한다.

제시해 보고자 한다. 용례는 일본(朝日新聞)과 한국의 일간신문(한국일보)에서 추출하였다.

2. 일본어 어휘의 구조

일본어의 어휘는 그 형성된 유래에 비추어 보아 ①단일성분과 ②혼합성분으로 나눈다.

단일성분은 다시 고유적인 和語와 외래적인 漢語와 外來語로 구분된다. 혼합성분은 혼종어를 가리킨다.

〈표 1〉 어종별 분포(異なり語기준)

어종	어수	백분율
和語	11,134	36.7%
漢語	14,407	47.5%
外來語	2,964	9.8%
混種語	1,862	6.0%
합계	30,331	100%

〈표1〉은 일본의 국립국어연구소가 실시한(1956) 「종합잡지 90종의 표제어의 어휘를 분석」한 자료이다.

2.1 고유어

和語는 일본어 어휘체계의 근간을 이루고 있는 어종(語種)이다.

예 : 旅(たび), 宿屋(やどや), 若者(わかもの) 手紙(てがみ)

그러나 <표1>에서 보는 바와 같이 한자어에 비해 그 수가 적다. 또한 어감에 있어서도 한자어가 더 격식을 차리는 경우에나 문어체에 많이 나타나며, 고유어는 생활어로서 구어체 등에서 많이 사용되고 있다. 조어력에 있어서는 한자어 보다 뒤떨어지고 있다.

2.2 한어

한어라고 하면 ①중국어에서 차용된 한자어와 ②일본에서 만들어 진 일본식 한자어도 포함한다.

　예 : ① 茶　　旅館　青年　自動車　物価指数
　　　② 手紙　汽車　心得　検閲　　律師

문장체에서, 학술용어나 전문용어에서 일본어 고유어보다 한자어가 더 많이 사용되고 있다.

한자어는 그 조어력이 뛰어나며 복합어의 형성에 유리하다. 한어는 그 의미를 따라 읽는 훈독(訓読 くんよみ)과 한자가 일본어에 들어 온 발음을 본 따서 읽는 음독(音読み おんよみ)의 2가지 방법이 있다.

용례	음독	훈독
山	さん	やま
父母	ふぼ	ちちはは

2.3 외래어

일본어에는 일찍이 5세기 경부터 중국으로부터 한자가 다량으로 차용되었으나 흔히 외래어라고 말 할 때에는 서양의 언어들로부터 들어 온 어휘를 말한다. 중세에는 포르투갈, 네델란드, 스페인 등에서, 제2차 세계대전 이후에는 미국으로부터 영어가 대량으로 차용되었다.

이들 외래어는 가타가나로 표기하므로 구분하기 쉽다. 그러나 영어나 프랑스어 독일어, 스페인어 등의 발음과 동떨어진 일본어의 음운체계에 따라 발음되고 표기하고 있어서 외국인 학습자에게는 학습상의 커다란 장애요인으로 등장하고 있다.

예 : 청년(ヤング)　필름(フィルム)　데모(ストライキ)

그리고 로마자 약자로 표시하는 어휘들도 상당 수 있다.

예 : 텔레비전(TV)　여사무원(OL)　사무자동화(OA)　질문과 대답(Q&A)

같은 사물이나 개념을 나타내는 경우에도 고유어나 한어로 나타낼 경우와 외래어로 나타낼 경우에 그 어감의 차이가 있고, 현대일본어에서는 외래어 어휘가 우아한 것 신선한 느낌을 주려고 하는 경우에 많이 쓰이고 있으며 그 사용현상은 연령층이나 직업에 따라서도 다르게 나타난다. 일본어에서만 사용되고 있는 일본식외래어는 영어나 다른 서양의 언어들의 표기를 다양하게 조합하는 형식으로 새로운 어형을 생성하고 있다.

예 : 아파트(アパート)　　　계산대(レジ)
　　 편의점(コンビに)　　　백화점(デパート)

2.4 혼종어

고유어, 한어, 외래어 3종의 어종 중 2가지 이상의 결합으로 이루어진 어휘를 가리킨다. 외래어 중에는 각각 다른 언어들이 부분적으로 조합을 이루는 복합어도 있다.

 이들 복합어가 그 어형이 길어지는 것을 처리하는 방법으로 부분적으로 한자를, 부분적으로는 외래어를 사용하는 혼종어외래어가 많이 증가하고 있다.

J	K
パン屋	빵집
駅コン	역에서 열리는 콘서트
満タン	가득 채움
医療ミス	의료과실
自動ドア	자동도어
合コン	합동콤파

3. 일본어 어휘의 특징

3.1 동음이의어가 많다.

 표의문자인 한자어를 대량으로 차용하여 일본의 음운체계에 맞게 발음하고 있어서 불가피하게 동음이의어가 발생하게 된다. 한 개의 일본어발음에 여러 가지의 한자어휘가 해당된다.

 예 : ぜんぶん : 全文・前文
　　 せいか : 正価・成果・製菓・青果・生家
　　 しょくどう : 食道・食堂

3.2 구어체와 문어체에서 다른 어휘를 사용한다.

　같은 사실을 나타내는 데 있어서 일상어와 전문적인 장면이나 문장어로 사용하는 어휘가 별도로 구분되고 있다. 이는 외국인 학습자들에게는 2개의 언어를 학습하는 것과 같은 정도의 노력을 필요로 하는 부분이다.

〈표 3〉 구어체와 문어체의 차이

용례	구어체	문장체
今日	きょう	こんにち
明日	あした	あす
橋	はし	きょうりょう
本当に	ほんとうに	まことに

3.3 서로 다른 언어의 조합으로 만들어진 어휘들이 있다.

　일본어 외래어를 그 원어의 분포로 보면 영어로부터의 차용어가 전체의 80.8%로 나타난다.

　그러나 외래어의 어형을 분석해 보면 한 개의 단어가 2나라 이상의 어원으로부터 유래한 것들이 많다. 이러한 어휘들을 외국인 일본어 학습자가 이해하기는 매우 어렵다. 현대 일본어에서 빈번히 사용되고 있는 일상어(문화어) 중에도 이러한 어휘들은 2개 이상의 어원의 조합으로 하나의 어형(語形)을 이루고 있는 것이 상당 수 있다. 그뿐만 아니라 신어(新語)의 생성에 있어서도 2가지 이상의 서양의 언어들이 서로 결합하는 현상이 일어나고 있다.

3.4 같은 사실을 서로 다른 어종으로 나타낼 수 있다.

한편 한가지 사물이나 사실을 화자가 특별한 어감을 나타내기 위해서 다른 어종의 표현을 택하기도 한다.

〈표 4〉 어종에 따라 다른 어형

고유어	한어	외래어
	ごはん　ご飯	ライス
宿屋	旅館	ホテル
	乳母車	ベビーカー
みどり	緑色	グリーン

3.5 단축형 어휘가 다량으로 생성된다.

한자어로는 2字, 가나문자로는 4字의 어형을 기본으로 하고 어형이 길어질 경우 이를 축약하여 짧게 한다. 즉 생략형 어휘가 자주 생성된다.

예 : 신문(新聞) しんぶん　음성(音声) おんせい
　　학교(学校) がっこう　전문가・프로그람 プロ(professional・program)

3.6 위상어(位相語)[5]가 다양하다.

같은 사실에 대하여 말할 때 여성과 남성에 따라서 다른 어형을 사용한다.

---

[5] 언어사용자가 속하는 지역, 성별, 연령, 직업, 신분 등에 따라서 각각 다른 어휘를 사용하는 것을 말한다. 일본어에서는 남자들의 말씨와 여자들의 말씨가 명사, 대명사, 동사, 형용사, 조사, 감동사 등에서 다르게 나타나고 있다.

용례	남자말	여자말
밥	めし	ご飯
돈	かね	お金
맛있다	うまい	おいしい
감동사	ほら	あら

4. 혼종어 외래어의 지도

4.1 혼종어의 구조를 이해하도록 하며 먼저 한국어와 유사한 구조와 어형을 제시한다.

　혼종어외래어는 복합어의 형식을 취한다. 한국인 일본어 학습자에게는 단순어와 단순어가 대등한 관계로 결합하는 형식을 먼저 지도한다. 즉 한자어와 외래어가 결합하여 혼종어외래어를 생성하게 되며, 한자어의 위치에 따라 크게 2종류로 나누어 지도한다.

　　(1) 「외래어+한어」의 구조를 이해하도록 지도한다.

　예 : 비닐우산　　ビニル傘
　　　 비디오교재　ビデオ教材
　　　 미사일기지　ミサイル基地
　　　 인터넷시대　ネット時代

　　(2) 「한어+외래어」의 구조를 이해하도록 지도한다.

　예 : 사진메일　　写真メール
　　　 사교댄스　　社交ダンス
　　　 대형트럭　　大型トラック

흡연코너　　　喫煙コーナー
심리카운슬러　心理カウンセラ

(3) 「접두사+단순어」형식의 파생어의 구조를 이해하도록 지도한다.

예 : 고비용　　　　高コスト
　　 대힛트　　　　大ヒット
　　 대리그　　　　大リーグ
　　 새로운 서비스　新サービス
　　 생맥주　　　　生ビール

(4) 「단순어+접미사」형식의 파생어의 구조를 이해하도록 지도한다.

예 : 에코화　　　　エコ化
　　 글로벌화　　　グロバル化
　　 달러약세　　　ドル安
　　 마스터 기술　　マスター術

4.2 일본식외래어6)와 한자어가 결합된 혼종어를 이해하도록 지도한다.

　일본어에는 일본식 한자7)란 것이 있다. 마찬가지로 외래어에서도 긴 음절을 축약하거나 일본식 어법으로 말하는 형식이다. 이 경우 원어와 비교해서 단축되거나 다른 성분과 결합된 부분을 이해시키도록 지도한다.

---

6) 일본에서 만들어진 외래어로서 서양의 언어의 차용이나 일본어의 음운체계에 알맞게 단축 또는 부분적 생략 등의 형식으로 만들어진 외래어를 말한다. 「和製英語」 또는 「和製外来語」라고도 부른다.
7) 일본에서만 쓰이고 중국어에서는 쓰이지 않는 한자어가 있다. 대부분 약자(略字)로 획수를 줄인 것들이 많으며 그 수는 약 800자 정도이다.

(1) 「한어+일본식외래어」의 구조를 이해하도록 지도한다.

예 : 입소문 口コミ、(口+communication의 앞부분)
　　근육트레이닝 筋トレ(筋肉의 앞 글자+training의 앞부분)
　　겨울연가 冬ソナ (冬+sonata의 앞부분)
　　연속드라마 連ドラ (連続+drama의 앞부분)
　　일본텔레비전 日テレ(日本+television의 앞부분)

(2) 「일본식외래어+한어」의 구조를 이해하도록 지도한다.

예 : 백화점 지하상가
　　デパ地下(departement의 앞부분 + 地下商店街의 앞부분)
　　아르바이트 하는 곳　バイト先 (Arbeit 의 앞부분 + 先)

4.3 한국어와 일본어가 공통으로 사용하고 있는 유사한 표현들의 대조를 제시한다.

〈표4〉 한국어와 일본어의 혼종어외래어의 대조·

K	J
통신케이블	通信ケーブル
새우튀김	海老フライ
재테크	財テク
시테크	時テク
인기종목	人気アイテム、

5. 맺는말

이상에서 한국인 학습자에게 장애요인으로 등장하고 있는 혼종어외래어의 수업모형에 대하여 그 용례를 정리해 가면서 고찰해 보았다. 교사는 현대어의 다양한 실제자료들에 접하고 일본에서 출판되는 신조어사전(新造語辞典)들을 참고로 변해가는 어휘체계에 대하여 이해하고 이를 바탕으로 한국어 모국어화자를 위한 교수모형을 구축해 가야 할 것이다. 혼종어외래어는 한자의 일부분을 포함하고 있으므로 그 의미를 이해하는 것과 결합의 몇 가지 공식을 정리하는 것도 도움이 될 것으로 보인다.

Ⅱ.2 일본어 혼종어외래어의 유형과 지도방안*

1. 들어가기

일본어의 어휘체계는 네 가지 종류의 語種으로 구성되어 있다.
즉 和語, 漢語, 外来語 그리고 이들 3종류의 어종이 2개 이상 결합된 混種語이다.
외래어는 일본어에서는 가타카나어로 표기되고 있어서 한국인 학습자들에게는 외래어 그 자체를 인식하는데 있어서는 그다지 문제가 되지 않는다고 말 할 수 있다.
그러나 일본어 語彙의 語構成의 원칙은 매우 유연하고 신어의 생성도 매우 다양한 방법으로 이루어지고 있다. 가타카나語 또는 외래어의 습득은 위의 4가지 어종에서도 가장 어렵고 학습의 부담이 큰 부분이다. 그런데 이러한 가타카나語가 漢語나 和語와 결합되어 혼종어로 나타나면 이해하기는 한 층 더 어려워진다. 일본어 상급반의 학습자, 일본어 교사, 그 밖에 한국인으로 일본에 가서 어학연수를 받은 사람, 특파원, 일본에 가서 일정기간 동안 거주한 경험이 있는 일반인들에게는 혼종어외래어의 학습과 활용은 매우 난해한 부문이라고 말 할 수 있다. 한국어에서는 외래어의 사용을 공식적인 언어생활에서는 자제하는 것을 기본방향으로 삼고 있으며 국가의 국어정책에서도 외래어어휘의 증가를 억제하는 방침을 세우고 있음에도 불구하고 범람하는 외래어의 사용현상이 나타나고 있다.

*「日本語教育研究」第8輯, 韓国日語教育学会, 2005.

그리고 한국어외래어에서도 일정 부분의 新語의 생성에서 일본어 혼종어 외래어와 같은 현상이 이미 나타나고 있다. 이러한 점을 고려하면서 한국인 일본어 학습자들에게 일본어 혼종어에 대하여 어떠한 교수모형을 세워야 할 것인가를 염두에 두며 혼종어외래어의 구조적 특징에 대하여 알아보고자 한다.

 분석의 자료는 『日本語ジャーナル』 2004년~2005년 6월
　　　　　　　朝日新聞　2004년~2005년 5월

에서 무작위로 500語의 혼종어 용례를 추출하고 그 구조를 분석해 보았다.

2. 일본어의 어휘체계

 일본어의 어휘는 그 형성된 유래에 비추어 보아 ①단일성분과 ②혼합성분으로 나눈다.
 단일성분은 다시 고유적인 和語와 외래적인 漢語와 外来語로 구분된다. 혼합성분은 혼종어를 가리킨다.

2.1 和語

 일본의 고유어는 「和語」 또는 「固有日本語」, 또는 「야마토고토바(やまとことば)」라고도 부른다. 和語는 일본어의 근간을 이루고 있는 어종이며, 일본의 문자인 히라가나(ひらがな、平仮名)와 한자로 표기한다. 고유어는 생활어로서 구어체 등에서 많이 사용되고 있다. 그러나 조어력

에 있어서는 한자어 보다 뒤떨어지고 있다.

旅(たび), 宿屋(やどや), 若者(わかもの) 手紙(てがみ)

2.2 漢語

중국으로부터 일본어에 차용된 말을 가리키며「漢語」또는「字音語」라고도 말한다. 한어는 고유글자인 히라가나, 가타가나와 병행하여 보기 된다. 한어는 오랜 시기에 거쳐서 중국으로부터 대량으로 일본어에 차용되었다. 한어는 그 조어력이 뛰어나며 복합이의 형성에 유리하다. 그리고 문장체로 학술용어나 전문용어에서 일본어 고유어보다 한어가 더 많이 사용되고 있다. 또한 중국어에는 없으나 일본에서만 사용하는 일본 고유의 한자도 있다. 이들을「和製漢語」라고 부른다.

① 일반적인 한어 : 茶　旅館　青年　自動車　物価指数
② 和製漢語 : 手紙　汽車　心得　検閲　律師

일본어에서는 한어를 두 가지 방법으로 읽는다.1)

① 훈독(訓読　くんよみ) : 의미를 따라 읽는 방법
　　山 : やま　　人 : ひと
② 음독(音読み　おんよみ) : 한자가 일본어에 들어 온 발음을 본 따서 읽는
　　　　　　　　　　　　　　방법
　　山 : さん　　　人 : じん

---

1) 한국어에서는 한자를 읽는 방법은 한 가지이다.
　　산(山)은 항상 "산"으로만 읽는다.

2.3 外来語

　외국으로부터 차용되어 일본어로 정착된 말을 가리킨다.[2] 넓은 의미의 외래어에는 한어를 포함시키나 좁은 의미의 외래어에는 한어를 포함시키지 않으며, 중국 이외의 서양으로부터 일본어에 들어온 어휘들로「洋語」또는「외래어」라고도 부른다. 외래어는 가타가나(カタカナ)로 표기한다, 서양의 언어들에는 없는 일본어의 어휘체계에 맞게 일본에서 만들어진「和製外來語」또는「和製英語」라는 것이 있다. 이러한 일본 특유의 외래어 어휘들은 서양인들이 이해하기 매우 어렵다.

① 일반외래어 : フィルム(필름), コーヒー(커피), カメラ(카메라)
② 和製外来語 : ビル(building), マスコミ(mass communication), ゴールデン・ウイーク(golden week), アパート(appartement),

2.4 混種語

　위에서 말한 단일성분 이외에 복합성분으로 혼종어를 들 수 있다. 혼종어는 고유어, 한어, 외래어의 3종류의 어휘 중 2가지의 어종의 결합으로 이루어 진 어휘들을 말한다. 복합어의 新語의 조어법에서는 2종류 이상의 어종이 결합하여 일본어의 음절체계에 알맞은 어휘를 구성하게 된다.

---

2) 현대일본어의 외래어는 전체 외래어의 80% 이상이 영어로부터의 차용이다. 그러나 11세기 무로마치(室町) 시대에 포르트갈어가 들어 온 것이 그 시초이다. 16세기 에도(江戸) 시대에는 일본이 쇄국정책을 취하면서 한편으로 도쿠가와(德川幕府) 막부는 네델란드와 무역을 하고 있었고 많은 서양의 학문과 개념들이 네델란드 어휘로부터 차용되기도 하였다, 그 후 19세기 메이지(明治) 시대에는 근대화 작업을 하면서 서양의 지식을 도입하는 데에 한어를 사용하였다. 세계 제2차대전 후에는 주로 영어를 중심으로 서양의 각 나라의 언어가 차용되었고 일본 자체에서 자신의 음운체계에 알맞게 서양의 어휘들을 만든 일본식 외래어가 많이 등장하게 되었다. 혼종어도 이러한 일본식 외래어의 일종이라고 말 할 수 있다.

記念メダル(기념메달)　梅雨シーズン(장마철)

이상과 같은 네 종류의 어휘의 분포를 보면 다음과 같다.

<표 1>3) 어종별 분포(異なり語기준)

어종	어수	백분율(%)
和語	11,134	36.7
漢語	14,407	47.5
外来語	2,964	9.8
混種語	1,862	6.0
합계	30,331	100

그 밖에 로마자 약자로 표시하는 어휘들도 상당 수 있다.
(EU案, JR西日本, 契約OK, OL, OA)

3. 혼종어외래어의 구조

외래어에는 그 형태적 특성에 따라 몇 가지 종류가 있다.
먼저 단순외래어와 복합외래어로 나눈다. 단순외래어는 단일성분이며 복합외래어는 혼합성분이다. 혼종어에는 ①和語 + 外来語, ②和語 + 漢語, ③漢語 + 外来語, ④漢語 + 和語 ⑤外来語 + 和語 ⑥外来語 + 漢語 의 결합방식이 있다.
이하에서 고유어인 和語는 J, 外来語는 F, 漢語는 C, 영어는 E, 한국어는 K의 약어로 표시하기로 한다.

---

3) 일본의 국립국어연구소가 실시한(1956) 「종합잡지 90종의 표제어의 어휘를 분석」한 자료이다.

78 제Ⅱ장 일본어외래어의 지도

3.1 혼종어외래어의 분포

추출한 500어의 혼종어의 나타나는 분포를 분석한 결과는 <그림1>과 같다.

<그림 1>

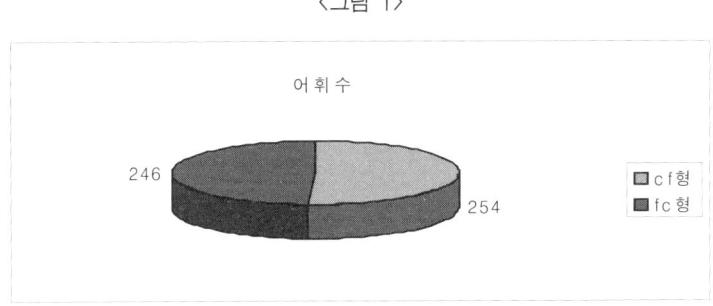

3.2 혼종어 외래어의 결합방식

혼종어외래어의 결합방식은 자립어와 자립어가 결합된 합성어와 형태소 또는 형태소(접사)와 자립어가 결합된 파생어로 나뉘어 진다. 이들의 분포는 <표 2> 같다.

<표 2> 혼종어 외래어의 결합방식

종류	용례
합성어	ビデオ教材、大型トラック、喫煙コーナー、面接ゼミ、大手メーカー、写真メール
파생어	(접두사 + 어기(語基)) 高コスト、大ヒット、新サービス、生ビール、 (어기 + 접미사) / (접두사 + 어기 + 접미사) グローバル化、ドル安、/ 非イオン性

3.2.1 CF형

CF형. 즉 한어와 외래어가 결합된 혼종어외래어에는 몇 가지 결합방식이 나타났다.

CF형 전체 어휘 수는 254어였고 이들은 다시 한어가 1회 외래어가 1회 결합된 CF형 이외에 몇 가지유형이 더 나타났다.

〈표 3〉 CF형 혼종어외래어의 유형

번호	유형	어휘수	용례
1	CF형	227	合コン, 着メロ
2	CCF형	6	自動回転ドア,
3	CCCF형	1	貸し切り観光バス
4	CCCFF형	1	教職教養直前ポイントチェック
5	CCFC형	1	電子電波メディア局長
6	CFC형	16	地上波デジタル放送
7	CFCC형	1	国際バレーボール連盟会長
8	CFCF형	1	六本木ヒルズ森タワー

분석의 대상으로 삼은 500어의 혼종어외래어 중 254어(50.8%)가 어두 위치에 한어를 두고 외래어가 결합하는 방식으로 복합어를 만든다.

이 때 어두위치에 오는 한어는 자립어인 경우와 접사[4]인 경우가 있다. CF형에서 한자가 외래어 앞의 어두위치에 나타나 뒤에 오는 성분을 수식하며 동시에 拍의 수를 줄여준다.

접두사: 高コスト 大セール 急ブレーキ 生ビール

한자 1글자는 일본어의 1박[5] 또는 2박에 해당한다. 따라서 복합어를

---

4) 接頭辞와 接尾辞가 있다.
5) 拍은 음절과 반드시 일치하지는 않는다.

형성할 때 단어의 길이, 즉 글자수를 줄이는 기능을 가지게 된다.

<표 4> 漢字1字에 대한 拍数(CF형)

한자 수:拍수	용례
1字:1박어	非イオン性 日サロ 日テレ 地ビール
1字:2박어	高コスト 口コミ 筋トレ 金メダル 大ヒット 冬ソナ 連ドラ 半ドア 色ガラス 生ビール 消ゴム 右カーブ 元ヤン 財テク 低リスク 赤ピーマン 朝ドラ 卒ギャル 着メロ 超ショック 総コスト 板チョコ 合コン 満タン 脱サラ 駅コン
1字:3박어	東アジア 南アルプス

위의 표에서와 같이 한자 1字는 일본어의 1박, 2박, 3박과 대응되며 일본어 음절의 다수를 차지하는 4~5박 어의 복합어를 만든다.

<표4>의 용례 중 일본어 특유의 단축형「和製外来語」+ 漢語(한어의 일부분이 생략된 형태)가 결합하여 단어의 길이를 조절한다.

口コミ:口 + コミ(communication)   입소문
日テレ:日+テレ(television)   텔레비전의 프로그램
冬ソナ:冬+ソナ(sonata)   겨울연가
連ドラ:連+ドラ(drama)   연속드라마
元ヤン:元+ヤン(young)   젊은이
着メロ:着メロ(melody)   착신멜로디

위의 용례들의 밑줄 친 부분은 단어의 길이를 조절하여 일본어의 보편적인 4박어로 나타나기 위하여 외래어와 한자의 일부분이 단축된 후 결합하는 경우이다.

<표 5> 漢字2字에 대한 拍数(CF형)

한자 수: 拍수	용례
2字：2박어	菓子パン　女子バレー　主婦パート
2字：3박어	記念メダル　季節ビール　競技レベル　個人データ　人気アイテム　映画ポスター　世界ファイナル
2字：4박어	公式ガイド　代表チーム　大型トレーラー　生産システム　漫才コンビ　流出データ　宴会コース　音楽ソフト　認定センター　連行ミス　住宅ローン

3.2.2 FC형

「외래어 + 한어」형식의 복합어는 新語의 생산에서 중요한 기능을 담당한다.

표4에서 보는 나타나는 바와 같이 「ジェトロ(JETRO) + 日本語 + 能力 + テスト」의 11박의 긴 단어가 어두와 어말에 외래어가 오고 어중위치에 한어가 오는 형식으로 결합한다. FJ형과 JF형은 외래어와 고유어가 결합하는 경우이다. 이때도 음절의 축약현상이 나타나며 일본어 고유의 「語構成」이 일어난다.

<표 6> FC형 혼종어외래어의 유형

번호	유형	어휘수	용례
1	FC형	230	ジウ姫, ヨン様, スキー場
2	FCC형	5	コピー禁止機能
3	FCCF형	2	ジェトロ日本語能力テスト
4	FCCFF형	1	レベル別上達レッスンブック
5	FCF형	1	GM自動車グループ
6	FFC형	2	ライフスタイル誌
7	FJ형	2	デジやし
8	JF형	3	どたキャン

분석의 자료로 쓰인 500어의 혼종어 중 246어(49.2%)의 용례에서 「외래어+한어」의 결합형식으로 나타나고 있다.

이 때 어말위치에 오는 한어는 자립어인 경우와 접미사인 경우가 있다. FC형에서 한자가 외래어 뒤의 어말위치에 나타나 앞의 성분을 수식하며 동시에 拍의 수를 줄여준다.

접미사 : アメリカ産　ガス車　コピー機　パネル展

한자 1글자는 일본어의 1박[6] 또는 2박에 해당한다. 따라서 복합어를 형성할 때 단어의 길이, 즉 글자수를 줄이는 기능을 가지게 된다.

〈표 7〉 漢子1字에 대한 拍数(FC형)

한자 수 : 拍수	용례
1字 : 1박어	オペラ座　エコ化　テニス部　フランス語　ゲーム機
1字 : 2박어	アニメ版　アミノ酸　アル中　イスラム系　ガソリン代　キリスト教　サービス料　サッカー場　ヒット曲　ビデオ店
1字 : 3박어	ブ男　レジ袋

위의 표에서와 같이 한자 1字는 일본어의 1박, 2박, 3박과 대응된다. 이와 같이 단어의 길이를 줄이는 기능을 수행한다.

---

6) 拍은 음절과 반드시 일치하지는 않는다. 서양의 음절(syllable)과는 달리 일본어에서는 mora, 拍 등의 개념이 있다. mora는 핫토리시로(服部四郎)가 제창한 바 있고 음절보다 더 하위의 음운론적 단위를 가리킨다. 拍은 긴다이이치 하루히코(金田一春彦)에 의해 제창된 개념으로 일본어의 1음절어는 1拍語라고 한다.

II.2 일본어 혼종어외래어의 유형과 지도방안 83

<표 8> 漢字2字에 대한 拍数(FC형)

한자 수: 拍수	용례
2字:2박어	ゼット風呂　デパ地下　ミサイル基地　パート主婦
2字:3박어	ネット時代　バイオ企業　どら息子　モラル意識 バレーボール選手　リストラ効果
2字:4박어	ビデオ教材　プロ野球　マンション販売　ヒット商品 メール転送　レコード芸術　ラジオ体操

3.3 혼종어외래어의 박(拍)수

3.3.1 CF형의 박수

분석의 자료를 일본어의 박의 수로 비교해 보면 다음과 같다.

<그림 2>

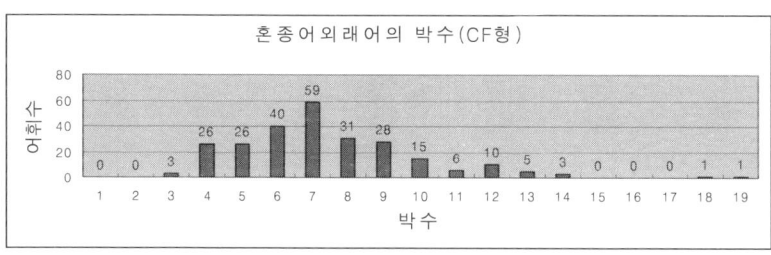

3.3.2 CF형의 박수

<그림 3>

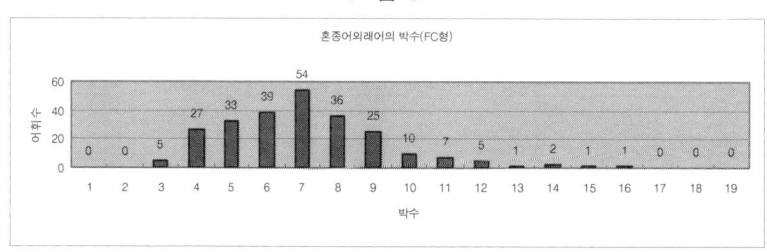

84 제Ⅱ장 일본어외래어의 지도

<그림 2>와 <그림 3>에서 나타나는 바와 같이 CF형(한자어+외래어)의 경우와 FC형(외래어+한자어)의 경우를 합친 전체 500어의 분석에 있어서도 다음절화 현상이 뚜렷하다.

즉, 두 가지 이상의 어종이 결합하여 혼종어를 생성할 때에도 일본인의 언어생활에 있어서 의사소통이 원활하도록 어형의 길이가 매우 중요한 요소로 작용한다. 즉 일본인의 拍감각은 대체로 4자~7자 이내로 나타난다. 그 이상 어형이 길어지게 되면 일본식 단축현상이 일어나 화제한어, 또는 화제외래어가 쓰인다. 그러나 혼종어외래어의 경우에는 기본적으로 복합어이므로 다른 어종의 음절보다 그 박수가 매우 길다.

<그림 4>

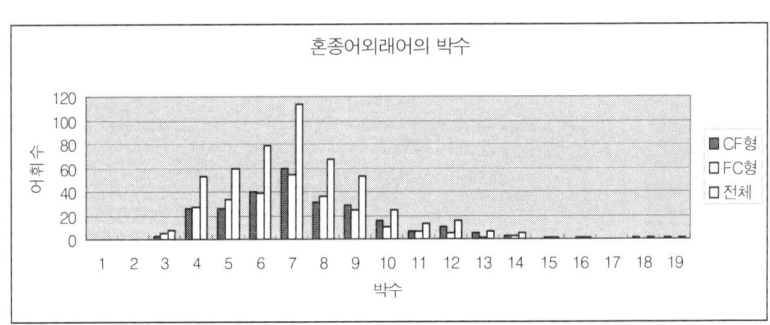

<표 9> 혼종어외래어 CF어형의 길이

박 수	어휘 수(백분율)
1~3	8(1.6%)
4~6	191(38.2%)
7~9	233(46.6%)
10자 이상	68(13.6%)
합계	500(100%)

4. 혼종어외래어의 지도방안

4.1 어종(語種)에 따른 차이

일본어의 어휘체계의 특징에 대하여 이해하도록 지도한다.
같은 사실을 서로 다른 어종으로 나타내며, 그 때 뉘앙스의 차이가 있고 지시하는 사물이나 개념이 달라지기도 한다.

〈표 10〉 어종에 따라 다른 어형

고유어	한어	외래어
	ごはん　ご飯	ライス
宿屋	旅館	ホテル
	乳母車	ベビーカー
	緑	グリーン
	銀	シルバー

4.2 음절의 길이

일본어의 어형이 한자2글자이며 가나로 표기했을 때 4자가 되는 구조가 가장 보편적이라는 사실을 이해하도록 지도한다. 그러한 이유로 외래어가 지나치게 음절이 길어질 때에 단어의 단축현상이 빈번히 일어나고 있음을 주지시킨다.

　　カーナビ: car + navi(gation)
　　バイト先: (Ar)beit + 先

즉, ( ) 안의 밑줄 친 부분의 외국어 부분에서 일본어의 음절에 알맞게 앞부분 또는 뒷부분의 생략 현상이 일어난다.

4.3 파생어의 생성

한어의 조어력과 외래어가 결합하여 많은 파생어를 만들어간다. 학습자는 그 유형을 이해함으로 어휘력을 향상시키기에 유리하다.

〈표 11〉 파생어의 생성(CF형)

大	大セール　大ヒット　大ピンチ　大ホール　大リーグ
東京	東京アカデミー　東京タワー　東京ドーム　東京ディズニーランド
半	半ドア　半フォーマル　半ケツジーンズ
韓流	韓流コーナー　韓流エンターテインメント　韓流ダイエット
人気	人気アイテム　人気グループ
電子	電子メール　電子レンジ　電子エネルギー　電子電波メディア局長

〈표 12〉 파생어의 생성(FC형)

パート	パート主婦　パート労動　パート労動者
ヒット	ヒット曲　ヒット商品
メーカー	メーカー最大手　メーカー側　メーカー営業担当
リーグ	リーグ戦　リーグ優勝　リーグ統合
アメリカ	アメリカ産　アメリカ軍　アメリカ社会
コピー	コピー機　コピー食品　コピー禁止機能

4.4 한국어의 복합어외래어와의 대조

일본어혼종어외래어의 구조와 유사한 한국어의 복합어외래어와 그 생산성을 이해하도록 지도한다.

(1) CF형 복합어의 K와 J의 대조

〈표 13〉 복합어 CF형의 K : J 대조

K	J
새우튀김	海老フライ
사교댄스	社交ダンス
대형트럭	大型トラック、
시테크	時テク
재테크	財テク

(2) FC형 복합어의 K와 J의 대조

〈표 14〉 복합어 CF형의 K : J 대조

K	J
비닐우산	ビニル傘
비디오교재	ビデオ教材
미사일 기지	ミサイル基地
인터넷 시대	ネット時代
힛트곡	ヒット曲

〈표 15〉 접두사/접미사형식 외래어의 K : J 대조

접두사+단순어 형식		단순어+접미사 형식	
K	J	K	J
고비용	高コスト	글로벌화	グローバル化
생맥주	生ビール	달러약세	ドル安、
금메달	金メダル	스키장	スキー場

4.5 일본식외래어의 어형변화

일본의 외래어 중 그 어형의 변화가 단축현상을 일으키거나 일본어의 문법체계의 일부가 적용되어 명사가 동사, 형용사 등으로 바뀌는 경우가 일어난다. 이러한 경우에는 차용된 원어의 어형과 매우 다르므로 외국인에게는 이해하기 어려운 어휘가 생성된다.

(1) 단축현상

  筋トレ　（筋<u>肉</u> + trai<u>ning</u>）
  デパ地下（<u>depart</u>ment）

위의 용례의 밑줄 친 부분이 단축되어 일본식 혼종어외래어가 되었다.

(2) 품사의 변화

  N → V : ナビ(navigation) → ナビる(to navigate) : 명사가 동사로 품사가 바뀌었다.
  A → N : ドル+安い　ドル+安 : 형용사가 명사로 품사가 바뀌었다.

5. 맺는말

이상에서 한국인 학습자에게 장애요인으로 등장하고 있는 혼종어외래어의 구조와 그 지도방안에 대하여 고찰해 보았다. 교사는 현대어의 다양한 실제자료들에 접하고 일본에서 출판되는 新造語辞典들을 참고로 변해가는 어휘체계에 대하여 이해하고 이를 바탕으로 한국어 모국어화자를 위한 교수모형을 구축해 가야 할 것이다.

혼종어외래어는 한자의 일부분을 포함하고 있으므로 그 의미를 이해하는 것과 결합의 몇 가지 공식을 정리하는 것도 도움이 될 것으로 보인다.

Ⅱ.3 가타가나어 지도 면에서 본 고등학교 교과서 『일본어Ⅱ』*

1. 들어가기

일본어의 어휘체계는 고유어, 한어, 외래어, 그리고 이들 세 종류의 어종의 두 가지 이상이 결합하여 만드는 혼종어로 구성되어 있다. 그리고 그 표기는 다섯 가지 종류의 문자로 나타나고 있다. 즉 일본의 고유어는 히라가나로, 한자에서 차용된 어휘는 한어로, 서양으로부터 차용된 어휘는 외래어나 로마자로, 그리고 수를 나타내기 위해서 아라비아숫자가 사용되고 있다. 다른 언어에 비해서 표기의 체계는 다양하면서 복잡하다고 말 할 수 있다. 시바다(柴田武 : 1970)는 외국인 학습자의 일본어 능력을 판단하는 데에는 일본어 가타가나어휘를 이해하고 적절히 사용할 수 있는가의 여부가 좋은 근거가 될 수 있다고 지적한 바 있다. 또한 다케베(武部良明)는 일본어의 문자의 지도에 있어서 히라가나와 가타가나의 지도는 별도로 이루어지는 것이 바람직하다고 언급하였다.

한국의 일본어교육에 있어서 문자의 지도는 단원이 시작되기 전 도입기에서 발음과 함께 50음도의 가나를 소개하면서 시작된다. 먼저 히라가나를 익히고 점점 가타가나어로 옮겨가게 된다. 그러나 현재 한국의 고등학교의 일본어 교육의 운영 지침에 따르면 인문계 고등학교 학생이 『日本語Ⅰ』과 『日本語Ⅱ』를 이수하기 위한 수업 시수는 총 12단위[1]이다.

---

* 「日本學報」 第65輯, 韓國日本学会. 2005.
1) 1단위란 한 주에 1교시 씩 한 학기동안의 수업 분량을 나타낸다. 그리고 1교시는 50분 수업을 가리킨다.

2002년부터 한국의 고등학교에 적용된 제 7차 교육과정[2]의 일본어교육의 목표는, 학습자가 자신의 생각을 일본어로 표현할 수 있고, 전달하는 커뮤니케이션 능력을 기르도록 하는 점에 중점을 두고 있다. 그리고 자신의 문화를 일본어로 표현 가능하게 하는 능력도 강조하고 있다. 이와 같은 외국어교육[3]의 목표에 따라서 교육부의 심사를 거쳐 발행된 일본어교과서들이 2004년 3월까지는 전국의 외국어교실에서 일본어 수업에 사용되어지게 되었다. 현재는 『日本語Ⅰ』을 마친 후 『日本語Ⅱ』를 사용하는 학습자들도 있다. 6년을 주기로 새로이 마련되는 교육과정에서 일본어는 제7차 교육과정에서부터 비로소 일본어 독자적인 교육과정의 내용이 마련된 것이다.[4] 이 점에서 제7차 교육과정의 고등학교 일본어교과서는 제6차 교육과정의 일본어교과서들 보다 한층 더 진보한 것이라고 말 할 수 있다. 체제뿐만 아니라 그 사이즈와 정장이 새로워졌고, 인쇄도 흑백 이외에 한 가지 색이 더 추가된 2도 컬러로 학습자에게 매우 친근감이 있도록 만들어 졌다. 내용 면에서도 6년 전에 발행된 교과서들 보다 쉽고 흥미롭게 되었다. 사용어휘는 제6차 교육과정의 교과서의 1400어에서 900어로 줄었다.

본고에서는 『日本語Ⅱ』의 6종 교과서에 나타난 가타가나 표기 어휘들을 추출하여 그 사용빈도를 알아보고, 교육부가 제시한 기본어휘 중에 포함된 기본 가타가나어를 어느 정도 사용하고 있는 지, 사용한 가타가나어로 표기된 어휘들이 일반 외래어인지, 단순한 가타가나로 표기된 인명, 지명, 사물의 명칭 등인지, 그리고 마지막으로 『日本語Ⅰ』과 『日本語Ⅱ』를 합쳐서 900어를 사용하도록 규정한 교육부의 기본 방향을 따른 6종류의 교과서들이 사용한 가타가나어와 전 세계의 일본어학습자를 대

---

2) 교육인적자원부 2001 『고등학교 교육과정 총론』대한교과서
3) 교육인적자원부 2001 『고등학교 교육과정 해설-외국어』대한교과서
4) 일본어과 교육과정의 내용은 종래에는 영어교육의 내용에 준하여 운영되어 왔고 제 7차 교육과정기에 비로소 일본어 고유의 커리큘럼이 마련되었다.

상으로 실시되고 있는「일본어능력시험」의 3급과 4급의 가타가나어와 비교한다.

본 연구는『日本學報』第59輯에 게재된 필자의『日本語Ⅰ』의 분석에 대한 후속연구이다.『日本語Ⅰ』은 12종류가 발행되었고 그 중 여섯 개의 출판사에서『日本語Ⅱ』가 발행되었다.

2. 제7차 교육과정 고등학교 일본어교과서『日本語Ⅱ』의 가타가나어

2.1『日本語Ⅱ』의 개요

제7차 교육과정은 1997년에 고시되었다. 그 내용은 21세기의 세계화·정보화 시대를 주도하며 살아갈 창의적인 한국인을 위한 것이라고 명시하고 있다. 개정의 중점은 국민 공통 기본 교육과정의 편성과 학생 선택 중심 교육과정의 도입, 수준별 교육과정의 도입, 재량활동의 신설·확대, 학습량의 최적화와 수준 조정, 교육과정 평가체제 확립, 창의성, 정보능력의 배양에 있다고 명시하고 있다.

『日本語Ⅰ』에서는 언어의 4기능을 기초적인 수준으로 다루어 균형 잡힌 의사소통능력을 기르는 것을 목표로 삼고 있다. 그리고『日本語Ⅱ』는 일본인의 행동양식과 일본문화를 이해하여 한·일 간의 교류를 담당해 나아갈 인재를 기르는 것을 그 목표로 하고 있다.

제6차 교육과정의 일본어교과서는 12종이었다. 그중 한 종류의 교과서만 일본인 원어민과 한국인이 공동집필하였고 나머지는 모두 한국인 저자들에 의한 출판이었다. 제7차 교육과정7)[5]의 일본어 교과서는 교육

---

5) 2002년 3월부터 시행되기 시작하였고 2004년 3월에 전국적으로 제7차 교육과정

부가 제시한 기본어휘 834어 중 『日本語Ⅰ』에서 500어6)를 사용하기로 되어 있고 『日本語Ⅱ』에서는 앞서 사용한 500어를 포함하여 900어 이내로 할 것으로 규정 한 바 있다.

〈표 1〉 제 7 차 교육과정 『日本語Ⅱ』의 교과서

기호	출판사	저자
a	교학사	이봉희·김남익
b	대한교과서	김숙자·이경수·어기룡·사이토아사코
c	블랙박스	한미경·津崎浩一·조성범·이영환
d	지학사	김효자·박재환·정용기
e	진명출판사	유길동·여선구·조문희·가이자와도시코
f	천재교육	양순혜·이원복·위혜숙·이향진

〈표 1〉에서 보는 바와 같이 『일본어Ⅱ』의 6종 교과서 중 b, c, e 3종은 일본인 원어민과 한국인의 공동 집필형태이다. 원어민 저자의 참여는 부자연스러운 표현 등을 피할 수 있고, 듣기대본의 적절성, 고유어, 한어, 외래어의 어종의 선택에서 현실의 장면에 더 접근할 수 있는 문장이 나올 수 있는 점등에서 바람직하다고 평가된다.

〈표 2〉 『일본어Ⅱ』의 집필진 구성

교과서	한국인 저자(k)	한국인+일본인 저자(k+J)7)
a	2k	k J
b	x	3k+1J
c	x	3k+1J
d	3k	
e	x	3k+1J
f	4k	

이 완전히 시행되었다.
6) 각 교과서 집필의 기준에서는 500어를 기본으로 약 10% 정도 초과하거나 미달하여도 무방하다고 나타나 있었고, 심의를 위해 각 집필진은 대체로 이를 따랐다.
7) k는 저자가 한국인임을 나타내며 J는 저자가 일본인임을 나타낸다.

<표 3> 6차와 7차 교육과정 일본어교과서의 비교

내용	제6차교육과정	제7차교육과정
사용어휘 수	1400	900
기본외래어 수	23[8]	43
『日本語Ⅰ』의 종류	10	12
『日本語Ⅱ』의 종류	10	6

<표 3>에서 보는 바와 같이 사용어휘의 수는 줄어들었으나 기본어휘에는 더 많은 외래어가 포함되어 있는 것을 알 수 있다. 이는 교육목표의 변화에 따라서 국제교류의 증대와 정보화에 필요한 외래어를 추가시킨 것으로 볼 수 있다.

<표 4> 단원의 제목에 포함된 카타가나어[9]

기호	어휘수	용례
a	1	ドルハルバン
b	4	インサドン, ビデオレター, ホームスティ, サムルノリ
c	4	ゲーム, メール, インサドン, インタビュー
d	2	プヨ, ソウル
e	1	タクシー
f	2	ネチケット, キムチ

<표 4>에서 보는 바와 같이 각 단원의 제목을 나타내는 문장에 외래어를 포함하여 다양한 가타가나어 표기 어휘가 나타나고 있다. 이러한 집필진의 의도와는 달리 부족한 수업 시수를 가지고 수업하는 학습자들이 제목을 읽고 말하고, 쓰는 것은 그다지 용이한 일이 아니라고 하는

---

8) 제6차교육과정의 기본외래어는 다음의 23어였다. カタカナ カメラ コーヒー コップ コピー コンピューター シャツ スカート スーパー スポーツ タクシー デパート テーブル テレビ ドア ニュース ネクタイ ノート バス パン ハンカチ ラジオ ワープロ

9) 본 논문에서 논제를 외래어라고 하지 않고 가타가나어라고 한 것은 외래어와 가타가나로 표기된 어휘들을 포함한다는 의미를 갖는다.

현장 고등학교 교사들의 지적이 있다.

2.2 가타가나어 사용율

제 7차 교육과정의 내용은 『日本語Ⅰ』과 『日本語Ⅱ』를 합쳐서 900어를 사용하도록 규정하고 있다. 6종의 교과서는 모두 『日本語Ⅰ』을 발행하였고 이어서 『日本語Ⅱ』를 발행하였으므로 Ⅰ권에서 사용한 어휘를 포함하여 어휘색인을 제시한 교과서가 3종이었다. <표2>와 <그림1>에서 『日本語Ⅱ』에 나타난 어휘 수에 대한 외래어 어휘수를 교과서별로 비교해 보기로 한다.

<표 5> 교과서별 외래어 사용비율

교과서	a	b	c	d	e	f
사용어휘	562	383	370	475	360	443
외래어	77	40	62	32	51	36
백분율(%)	13.70	10.44	16.76	6.74	14.17	8.13

<그림 1> 교과서별 외래어 사용률

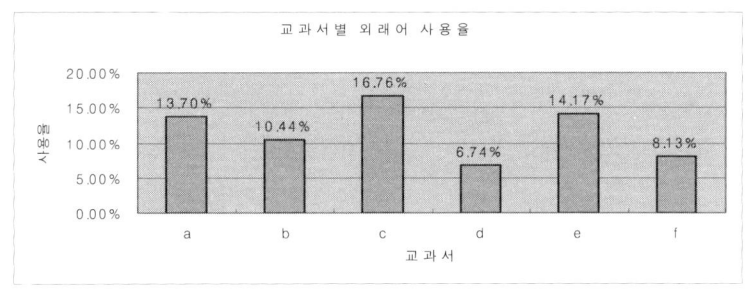

2.3 가타카나표기 고유명사 사용률

교육부는 인명, 지명, 사물명 등에 대하여 어휘의 앞에 + 표시, 그리고 기본어휘에는 *표시를 하도록 규정한 바 있다. 다음 <표3>에서는 가타가나어로 표기되어 있는 고유명사들의 사용 비율을 비교해 보기로 한다.

6종 교과서에서 나타난 가타가나어의 총수는 모두 212어이다. 그 중에는 일상생활에 사용되는 문화어가(일반외래어)가 있고 의태어와 의성어는 매우 드물어서 한 개의 용례밖에는 나타나지 않는다. 그 외에는 많은 수의 인명, 지명, 한국문화를 소개하는 한국관련 어휘를 가타가나로 표기한 어휘들이 많고 이들의 표기에는 적지 오류와 혼용이 나타나고 있어서 문자지도의 문제점으로 지적할 수 있다.

<표 6> 가타카나로 표기된 고유명사

교과서	a	b	c	d	e	f
사용어휘	562	383	370	475	360	443
고유명사	14	0	25	11	12	7
백분율(%)	2.49	0	6.76	2.32	3.33	1.58

초급교과서라고 말 할 수 있는 『日本語Ⅱ』의 학습자들에게 있어서 생활과 밀접한 관계가 있는 문화어에 대해서도 가타카나로 읽고 쓴다는 것은 큰 부담으로 다가온다. b 교과서에서는 이를 피하고 학습자들에게 출현 빈도가

낮은 고유명사나 한국문화를 소개하는데 필요한 고유명사들은 어휘수에 포함되지 않도록 한글로 소개하고 (   )안에 가타가나 표기를 넣었으며, c 교과서에서는 사용어휘에 포함시켰다.

<표 7> 교과서별 가타가나어 사용비율

교과서	a	b	c	d	e	f
사용어휘	562	383	370	475	360	443
가타가나어	91	40	87	43	63	43
백분율(%)	16.19	10.44	23.51	9.52	17.5	9.70

위의 표에서 나타나는 바와 같이 가타가나로 표기된 어휘에는 많은 고유명사의 수가 포함되어 있으므로 학습자들에게는 많은 부담이 따른다. 가타가나로 표기되는 외래어와 의태어 의성어를 초급과정에서 가타가나로 읽고, 이해하고, 쓸 수 있도록 한 후 중급과정에서 고유명사에 대한 표기를 지도하는 것이 문자의 교수·학습 요령이라고 본다.

각 교과서에 나타난 가타가나 표기어휘의 구성은 <그림 2>와 같다. b교과서는 가타가나 표기를 일반외래어에 대해서만 한 것으로 나타나며, 이는 학습자들이 일상생활에서 자주 등장하는 교육부 지정 기본외래어를 중심으로 한 것이다. 가타가나표기어휘를 가장 많이 사용한 c교과서에는 한국문화를 나타내는 고유명사가 다수 갸타가나로 표기되어있음을 알 수 있다.

<그림 2> 고유명사와 외래어의 사용비율

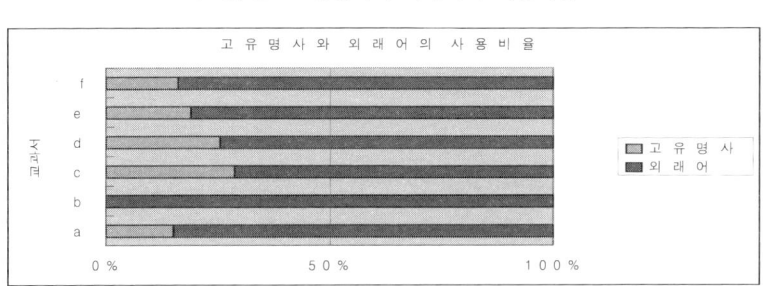

2.4 교육부지정 기본외래어 사용비율

교육부가 지정하여 제시한 7차 교육과정의 기본외래어는 다음과 같다.

〈표 8〉

アクセス　Eメール　インターネット　ウォークマン　カメラ　カラオケ　ゲーム　コーヒー　コップ　コピー　コミュニケーション　コンピューター　サッカー　ジャズ　シャツ　ジュース　スカート　スーパー　スポーツ　ズボン　タクシー　タバコ　データー　テーブル　テニス　デパート　テレビ　ドア　ニュース　ネクタイ　ノート　バス　パソコン　パン　ハンカチ　ファン　ホームページ　ボールペン　ポケベル　ラジオ　ラップ　ロック　ワープロ (43語)

〈표 9〉 교육부 지정 기본외래어 사용율

교과서	a	b	c	d	e	f
사용어휘	562	383	370	475	360	443
기본외래어	31	10	30	18	22	18
백분율(%)	5.52	2.61	8.11	3.79	6.11	4.06

a, b, c, d, e, f의 여섯 교과서에서 교육부가 지정한 기본외래어를 사용한 빈도수를 알아보면 <표 9>와 같다. a교과서는 기본외래어의 72%인 31어, c교과서는 69%인 30어, e는 51%인 22어, d와 f는 42%인 18어, 그리고 가장 적게 사용한 b교과서는 23%인 10어만을 사용하고 있다.

<표 10> 교육부 지정 기본외래어 출현빈도

출현교과서 수	기본외래어 용례
6종 공통	タクシー
5종 공통	カメラ　カラオケ　コップ　データ　テーブル　ニュース　ネクタイ　パソコン
4종 공통	Eメール　インターネット　コーヒー　ジュース　ドア　ハンカチ　プレゼント　ワープロ
3종 공통	アクセス　ゲーム　コンピューター　サッカー　シャツ　スーパー　スカート　スポーツ　ズボン　テニス　ノート　バス　ホームページ　ラジオ　ロック
2종 공통	コミュニケーション　ジャズ　タバコ　デパート　テレビ　パン　ラップ
1종에서만 출현	コピー　ファン　ポケベル

2.5 JLPT[10] 3,4급 어휘와의 비교

이하에서 일본어능력시험 출제 기준표에 나타난 3급 어휘와 4급 어휘의 외래어와 한국의 고등학교 일본어교과서 『日本語Ⅱ』에서 사용한 외래어의 공통되는 어휘들을 분석해 보기로 한다. <표11>에서 보이는 바와 같이 6종 교과서 모두 JLPT의 3급 어휘와 공통되는 어휘 수는 매우 적다. 그만큼 『日本語Ⅱ』는 초급교과서라고 말할 수 있다.

<표 11> JLPT 3·4급과 『日本語Ⅱ』에서 공통으로 나타난 외래어 수

급수별	a	b	c	d	e	f
3급	3	2	1	2	3	1
4급	22	10	20	12	14	9
합계	25	12	21	14	17	10

---

[10] 「日本語能力試験」은 1984년 전세계의 일본어학습자의 일본어능력을 평가하는 시험으로 개발되었고, 청해, 어휘, 문자, 문법 분야의 문항이 출제되며 모든 문제는 객관식이다. http://www.jlpt.or.kr

Ⅱ.3 가타가나어 지도 면에서 본 고등학교 교과서 『일본어Ⅱ』 101

<표 12> JLPT 3급과 『日本語Ⅱ』에서 공통으로 나타난 외래어 수

JLPT	a	b	c	d	e	f
アルバイト	o				o	
ガラス				o		
コンサート	o			o	o	o
ビル		o				
プレゼント	o	o	o		o	
5어	3	2	1	2	3	1

<표 12>에서 보는 바와 같이 「アルバイト, ガラス, コンサート, ビル, プレゼント」 등의 어휘들이 공통으로 나타나고 있다. 『日本語Ⅱ』의 사용 대상자가 한국의 고등학교 학생이라는 조건을 전제로 위의 어휘들은 적절하며 6종의 교과서에서 커다란 편차는 보이지 않는다.

<표 13> JLPT 4급과 『日本語Ⅱ』에서 공통으로 나타난 외래어 수

JLPT	a	b	c	d	e	f
공통어수	22	10	20	12	14	9
순위	1	5	2	4	3	6

<표 13>에서 나타난 바와 같이 JLPT 4급의 가타가나어휘를 가장 많이 사용한 a교과서와 가장 적게 사용한 f교과서의 사이에는 큰 편차가 보인다. 이것은 『日本語Ⅰ』에서 이미 한번 출현했을 가능성도 있고 내용에 따라 차이가 나타날 수도 있다. JLPT가 절대적인 기준이라고는 생각하지 않으나 초급교과서인 점을 감안할 때 객관성을 판단하는 최소한의 기준은 될 수 있다고 말 할 수 있다. 앞으로 제8차 교육과정의 기본 외래어를 제시할 때에는 JLPT 4급도 출현하고 현재 제7차 교육과정의 규정에 따라서 발행된 6종의 교과서들이 제시하고 있는 다음의 외래어들은 포함시켜도 무방할 것 같다.[11]

<그림 3> JLPT 4급 외래어의 사용도

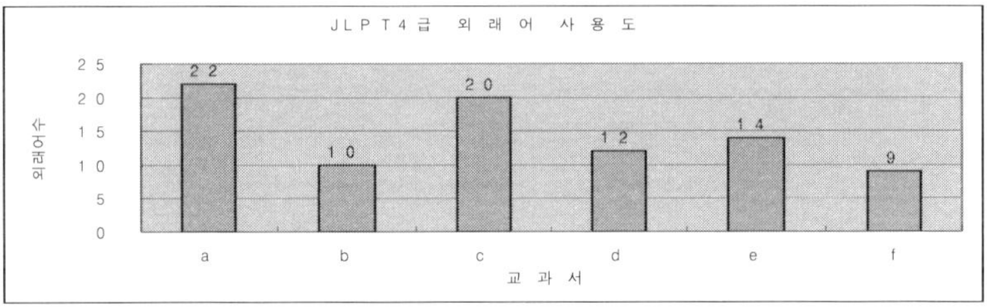

JLPT4급 외래어 사용도

<표 13> JLPT 4급과 『日本語Ⅱ』에서 공통으로 나타난 외래어

JLPT	a	b	c	d	e	f
エレベーター		o				
カメラ	o		o	o	o	o
ギター					o	
クラス			o	o		
コップ	o	o	o	o		o
コンサート						
シャツ	o		o	o		
スカート	o	o				o
スプーン		o	o			
スポーツ			o		o	o
ズボン			o	o		
セーター	o					
タクシー	o	o	o	o	o	o
テスト	o	o		o		
テーブル	o	o	o	o	o	
テレビ	o		o			
デパート	o		o			
テープ	o					o
トイレ	o					

---

11) 어휘의 급수를 판정해 주는 사이트로 Reading Tutor http://language.tiu.ac.jp/index.html가 유용한 툴이다. 일본어 교재를 집필할 경우에 어휘의 난이도를 판단하기에 편리하며, 학습자의 어휘학습에도 유용하다.

ドア	o	o			o	o	
ニュース	o	o			o	o	
ネクタイ	o		o	o	o	o	o
ノート	o		o				o
ハンカチ		o	o			o	o
バス	o		o		o		
パティー	o		o		o		
パン	o		o				
ベット	o						
ホテル						o	
ボタン						o	
メートル			o	o			
ラジオ	o		o		o		
レストラン	o		o				
33	22	10	20	12	14	9	

3. 맺는말

　이상으로『日本語Ⅱ』6종 교과서에 나타난 가타가나어에 대하여 고찰해 보았다. 본고는 필자의「第7次敎科課程の高校日本語敎科書に現れたカタカナ語の分析」에 따른 후속 연구이며, 제7차 교육과정의 일본어 교과서 Ⅰ권과 Ⅱ권에 나타나는 외래어와 그 밖에 가타가나로 표기된 어휘들에 대하여 살펴보았다. 히라가나와는 달리 많은 학습자들이 가타가나어의 사용에 부담을 느끼는 것이 사실이다. 가타가나 문자를 읽고 이를 바르게 쓸 수 있기에는 많은 노력이 따를 것이다.

(1)『日本語Ⅱ』교과서 6종의 외래어 사용은 그 내용과 사용어휘의 수에 따라 편차를 나타내며, 문화어를 많이 제시한 교과서와 단순한 사

항들을 불필요하게 많이 제시한 교과서로 구별된다.

(2) 초급 수준의교과서라고 말할 수 있는 출현 빈도가 높은 어휘들이 제시되고 있는 점은 매우 바람직하다고 지적하고 싶다.

(3) 교육부가 제시한 기본외래어에 포함되지 않아도 『日本語Ⅱ』 교과서 6종 중 3종 이상에서 사용된 외래어어휘는 제8차 교육과정의 기본외래어에 포함시켜도 무방할 것이다.

(4) 한국문화를 표기하는데 사용된 고유명사들은 선별적으로 제한하여야 하며, 외래어 표기의 원칙에 따라야 학습자의 혼동을 피할 수 있을 것이다.

II.4 和製外来語の省略形の 指導方案について*

| 요지 |

　일본어의 외래어는 급격한 증가현상을 나타내고 있으며 그 중에서도 영어를 모국어로 하는 화자들이나 서양인들이 사용하지 않는 독특한 외래어가 많이 보인다. 이러한 어휘들은 일본식외래어, 화제영어, 화제외래어 등 다양한 명칭으로 나타낸다.

　화제외래어에는 여러 가지 패턴이 있다. 즉 서양의 음운과 악센트 등의 외래요소를 일본어화하는 데에서 불가피하게 원어가 일본어의 음운체계에 맞추어 일본어화하는 현상이 나타난다. 또한 외래어의 동사에 동사화 어미를 붙이거나 외래어형용사의 어간에 동사화 어미를 붙이는 경우, 외래어의 형용사에 'に'를 붙여서 외래어로 부사를 만들어내는 경우도 있다. 뿐만 아니라 본래의 서양어의 의미를 축소, 확대, 전용하여 일본어에서 사용하는 경우도 빈번히 일어나고 있다.

　여기서는 화제외래어의 특징을 영어로부터의 차용, 복합어어휘로 많이 만들어지는 경향, 약어로 단축하여 나타나는 현상, 동음이의어가 많이 생산되는 경향으로 나누어 고찰한다. 그 중 전후, 또는 중간의 어느 한 부분의 어형이 생략된 어형에 대한 지도로서 어두의 탁음과 반탁음 현상, 어두의 ラ행음, 서양의 언어들을 하나 이상의 어원으로 차용하여 하나의 어형을 생성하는 어원의 통합현상 등에 대한 지도방안에 대하여 고찰한다.

＊『東アジア日本語教育・日本文化研究』第3輯 東アジア日本語教育・日本文化研究学会, 2000, 3月.

1. はじめに

　現代日本語の語彙は古くから日本人が使ってきた和語(大和言葉)と、外国から入ってきた借用語の二つで構成されている。借用語は更に、漢字文化圏から移入された漢語と、それ以外の外国語から移入された外来語に分けることができる。そして、和語、漢語、外来語のいずれかの二種以上の語を合成した混種語がある。日本語の外来語は、語彙体系全体に占める割合からすれば全体の10％程度であり、語彙全般に大きな影響を及ぼすものではないと考えられるかもしれない。しかし、分野によっては使用頻度が急激に増えており、新しい概念や用語などの新語が続々と登場しているため、語彙教育においてはこれらを適切に指導することが大きな課題となりつつある。日本語の外来語語彙の中には、その意味の明確な把握が困難な語が少なくない。そのような語彙の正確な意味を知らないまま放置しても支障のない場合はあるが、専門用語ではない生活語として意味を性格に把握せねばならない場合も多いといえる。特に、日本語教師となると、外来語の専門用語や生活語の理解が必要となってくるであろう。日本社会で生活していない日本語学習者や教師たちにとっては、日本で作られた和製外来語(日本式外来語)やその短縮形が最も難解な部分であるとも言え、漢字語彙との比較においても学習者の負担が大きいという指摘がある。そして、英語を母語とする日本語学習者の中にも、日本で作れた外来語はその意味を理解することが難しくコミュニケーションの大きな障害要素と見る者が少なくない。

　本研究は西洋から借用された外来語を中心に、日本語教育の指導という立場から整理を試みるものである。そのために、日本語化された外来語の短縮形の語例を、『現代用語の基礎知識』、自由国民社、1997

と、『カタカナ語・略語辞典』[1]から取り出し分析の資料とした。

2. 外来語の日本語化

2.1 外来語の定義

　外来語は「loan word」「borrowed word」「foreign borrowed word」、「借用語」など多様な名称で呼ばれており、日本語の外来語に対しては、外来語という名称以外にも、「カタカナ語」[2]、「カタカナ外来語」、「カタカタ英語」、「洋語」[3]、「西洋外来語」[4]など様々な表現がある。辞典の名称の発達から見れば、『船来語辞典』、『外語辞典』、『外来語辞典』(大正3年)のような変化が現れており、現代日本語では『外来語辞典』、または『カタカナ語辞典』と呼ばれている。

　外来語という用語は大槻文彦の『言海』(明治二二年刊・第二冊)の「外来」から始まり、山田美妙の『日本大辞書』(明治二六年刊・第六巻)の「外来」にも言及されている。ここでの「外来」とは外国ということ以外にも「別のところからきた」という意味がある。その後、明治43年の『辞林』では「外来語」という用語が登場した。

　外来語は外国の言語体系の資料が他の国の言語体系に入り、社会的に承認された語彙を指す。このような現象を「借用」といい、借用の過程で外来語の語彙は、借用される原語に最も近い発音を反映できるよ

---

1) 同時代舎、『大きな活字カタカナ語・略語辞典』、長岡書店、1993
2) 宇野喜伸『カタカナ語を考える』かもがわ出版、1998
3) 菅野謙「洋語の略語」日本語学、1985年9月号、明治書院 p.54
4) 上野景福「西洋外来語―その歴史と問題点」日本語学、1985年9月号、明治書院 p.32

うな発音と表記に変わる。
　外来語はいくつかの条件により外国語と区別される。その条件とは、先ず一般の人々の中で長い間普遍的に広く使用され定着しなければならず、その語彙に該当する自国の語彙がなく、外国から入ってくるものでなければならず、母国語の体系に音声的にも語形的にも融和した語彙でなければならないということである。
　現代日本語における外来語は、主に英語とその他の西洋からの借用語がほとんどであり、欧米語の語彙の発音が日本語に入ってくる際、限られた日本語の音韻と音節構造により原音とはかなり異なった発音に変わることもある。そればかりでなく、西洋の言語は強弱アクセントの体系であり、日本語は高低アクセント体系であることから、多くの問題が発生することもある。

　日本語には外来の要素が多く含まれている。英語の場合も、英語固有の要素は70％前後で、その他はフランス語、ラテン語からの外来要素が占めている。
　外国の語彙を借用しやすい条件としては、その言語が外来要素を受け入れやすい構造を持っておらねばならず、言語の使用者たちが外来的な要素に対して抵抗したり、或いは可能な限り自国語に翻訳して翻訳語の形態で受け入れようとする態度を持たないことが挙げられる。
　日本語は古代から外来文化の取り入れには積極的で、多くの外来語を受け入れ語彙を豊かにしてきた。そして、外来要素のうち、漢語は漢字で表記し、西洋からの外来語は片仮名で表記するという原則を立てた。外来要素の多くが名詞に限られていたが、現代日本語において、西洋から入ってきた語彙は形容詞や動詞まで含んでおり、活用形も登場しているという点は注目に値する。

広い意味で外来語といった場合は漢語も含まれるが、漢語は中国から漢字の字音を借用したもので、その借用の時期(4—6世紀)が古く、多くの語彙が日本語に入って日本語の発音に変形されたり、日本語の語彙体系に多くの影響を及ぼしたことから、日本人にとっては漢字が借用語であるという意識が薄いといえる。

昭和29年(1954)国語審議会の「外来語の表記」の前書きには、「外来語」は主に欧米語から日本語に入ってきた言葉を指すとの指摘がある。だが、平成3年国語審議会の「外来語の表記について」では、外国から国語に入ってきた語彙を指すものとし、慣用的に漢字は除外するものとしている[5]。従って現在「外来語」は「漢字語を除く西洋からの借用語」と定義されている。

日本の外来語は、中国の漢字を受け入れており、その後も日本語の文字と語彙は影響を与えられた。その時期的な区分は以下のようになる。

① 第1期：5、6世紀に中国から
② 第2期：16世紀にポルトガルとスペインから
③ 第3期：17世紀にオランダから
④ 第4期：19世紀にイギリスから
⑤ 第5期：20世紀以降現在までアメリカから

本稿は、第5期の現代日本語における西洋からの外来語を考察の対象とする。

---

[5] 内閣訓令第1号と第2号、平成3年

2.2 新語の発生

　新しい事物や概念が生まれた場合、それを表すためには命名とともに新語が発生することになる。社会の変化が速まるに連れ、多くの新語が現れ消滅する現象が起こる。そして同時に、既存の語彙に対し新しい意味が加えられることもある。日本語の場合も、新語は下記のようないくつかの過程を経て、日本語の共通語の語彙として定着していく。

　① 日本語の体系に合せて変わる
　② 語彙の一定部分が省略される
　③ 日本流の外来語として再構成される
　④ 和語や漢語と結合し混種語になる

　新語の発生は日本語の音節構造に影響を及ぼすことになり、音節数の増加現象が現れる。1991年、国語審議会が提案した「外来語の表記」には、従来の音節数以外にも外来語を表すための新しい音節が加えられている。
　新語が既存の語彙と接触するとき、いくつかの新しい形式が生まれる。

　① 混交：意味が類似している二つ以上の語形と表現が接触する時、二つの語形が合せられ新しい形式が生まれる。
　② 同音衝突：意味が互いに違う語形が接触する時、衝突の結果として起こる混乱を避けるために新しい形式が生まれる。
　③ 中間方言の発生：既存の方言と共通語が接触する時、方言と共通語の中間形式が生まれ、これを「中間方言」または「ネオ方言」という。

　＜表 1＞は『現代用語の基礎知識』に掲載された新語の中で外来語の

語彙が占める比率を表したものである。

<表 1> 新語の中の外来語

年度	外来語語彙数(語)	百分率(%)
1960	4,271	43.1
1980	13,499	56.6

2.3 外来要素の日本語化

日本語の外来語は大きく三つの種類に分かれる。

(1) 原語の音声と意味がそのまま現れる外来語

人名や地名を含め、次の例は原語の意味を容易に理解できる。
ジュース、ストーブ、スロー、アンテナ、パンフレット、ナンバー、シンフォニー、ミルク、アフリカ、ソウル

(2) 原語にはない省略形で表す外来語

コネ、レジ、ビル(2拍語)
テレカ、テレビ、パーマ(3拍語)
アパート、デパート、インフレ(4拍語)
ハイセンス、コマーシャル、スニーカー(5拍語)
ホームドラマ、ワンマンバス、エロ・タクション(6拍語)
ベビーサークル、シニア・マンション、チャームポイント(7拍語)
シルバー・マンション、ナショナルミニマム、トランスカジュアル(8拍語)
ペーパードライバー、(9拍語)
パソコンネットワーク(10拍語)
グリーンコーディネーター(11拍語)

(3) 日本語特有のローマ字略語

    OB(old boy) (学校の)卒業生、先輩
    OD(over doctor)　博士浪人
    OG(office girl)/OL(office lady)　女性事務員
    DK(dining kitchen)ダイニングキッチン

以上の外来語の中でも②と③に該当する語彙は、原語が日本に入ってくる中で日本語化を経て日本語の語彙として定着したものである。次は分野別に日本語化の規則を考えることにする。

2.3.1 原語の音声の日本語化

(1) 母音の日本語化

英語の母音が日本語の5母音体系に合せて日本語化し、二重母音は母音の連続に変わる。

(2) 子音と半母音の日本語化

　西洋語の二つの異な子音る日本語の中では一つの子音として統合される。

    r, l　→　ラ行子音
    b, v　→　バ行子音
    s, θ　→　サ行子音
    z, ð　→　ザ行子音

(3) アクセントの日本語化

西洋語の多くは強弱アクセント体系であり、日本語は高低アクセント体系である。原語でアクセントの置かれる音節が長母音か二重母音である場合、日本語のアクセントの核が現れる。

2.3.2 語形の日本語化

(1) 外来語動詞＋する

漢字名詞に「する」をつけて動詞にするのと同様に外来語動詞をつくる。外来語の造語力が増大していることを示すものといえる。この場合、活用する部分だけを平仮名で表記する。

　　ドライブする、ゴールインする、ベースアップする

(2) 外来語動詞の語幹＋る

外来語の多音節動詞を日本語に翻訳した後、語尾「る」をつけて動詞にし活用することもある。この場合も一般の外来語動詞と区別される点は語尾「る」が平仮名で表記されることである。

　　ミスる、デモる、メモる、トラブる、サボる、ダブる、アジる

(3) 外来語形容詞の語幹＋い/外来語形容動詞の語幹＋な

　　ナウい/ナウな、ユニークな、モダンな

(4) 「に」をつけて副詞化

　　スムーズに、スマートに、リアルに

2.3.3 意味の日本語化

専門用語や固有名詞などの借用においては、意味の転用が激しく起こることは稀だが、日常語(生活語)の場合は原語の意味とは異なる形

で縮小、拡大、転用などの現象が起こる。

(1) 縮小
リフォーム：英語のreformは動詞であり、その名詞形はreformationだが、日本語においては「改革」「変革」よりは衣服の仕立て直し家の改増築などを指す。

(2) 拡大
マンション：原語のmansionより広い意味で、中高層の高級集合住宅を指す。

(3) 転用
コネ：原語のconnectionは一般的なつながりを指すが、日本語ではそれよりは「人脈」指す。
クーラー：英語のcoolは「涼しい」という形容詞だが、ここに名詞化語尾「er」をつけエアコンを指す。
エステ：フランス語のesteは美学を意味するが、日本語では美容関連用語として「全身美容」を指す。

3. 和製外来語の特徴

外来要素が日本語化してつくられた語彙に対し、「日本語式外来語」、または「和製外来語」などの名称が使われている。

3.1 英語からの借用

『現代用語の基礎知識』[6]で「和製外来語」として[和]と表示された語彙を取り出し、語源別に分析してみた結果、英語と和語、英語と漢語などの混種語を除いたほとんどが英語を原語としていた。

現代雑誌に関する資料、具体的には国立国語研究所が実施した語彙調査によると、雑誌90種の外来語語彙の語源を分析した結果、最も多かったのが英語(80.8%)、その次がフランス語(5.6%)、ドイツ語(3.3%)、イタリア語(1.5%)、オランダ語(1.3%)の順に現れ、その他がロシア語、中国語、ポルトガル語、スペイン語、ラテン語の順ということが明らかになっている。[7]

3.2 複合語への偏り現象

1999年と2001年の筆者の調査による単純語と複合語の比率では、和製外来語の語形は複合語に集中していることが分かる。

<表 2>和製外来語の語形

語形	現代用語の基礎知識		カタカナ語略語辞典	
	語　数	百分率(%)	語　数	百分率(%)
単純語	62	9.54	12	3.85
複合語	588	90.46	299	96.15
合計	650	100	311	100

---

6) 自由国民社『現代用語の基礎知識』1997
7) 国立国語研究所報告21『現代雑誌九十種の用語用字(1)』1956

＜表 2＞の『現代用語の基礎知識』と『カタカナ語・略語辞典』[8]を調べた結果、複合語が圧倒的な割合を占めている。

　　単純語：エゴ、エスニック、コンパ、ドッグ、ユーザー
　　複合語：ゴールデンウィーク、エントリーサービス、ゲームセンター

3.3 略語化現象

　日本語は一音節で成り立っている単音節語が、他の言語に比べ少ない言語であると言われている[9]。助詞と助動詞を除けば、単音節語は名詞の一部にしか見受けられない。使用頻度の高い語彙の平均拍数は、単純語の場合2.86拍だという調査報告が出ている[10]。一方、日本語では多音節語、つまり長い語としては通常8拍語までを認め、それ以上に長くなることを回避する傾向がある[11]。この点は語の認定条件と関係があり、次の節語が続くと呼吸が不自然になり、調音の休止が必要となる。のみならず、コミュニケーションにおいても実際、相手の注意を集中させにくいなどの問題が発生する。

　こういった理由から、外来要素が日本語に借用される時、略語化現象が頻繁に起こる。日本語の語形は元々は短小形が普遍的であるが、外来要素の短小形語彙では同音語が増えるという問題が現れる。これを避けるためには多音節語指向の傾向が現れ、その場合、語形の長大性の短所を避けるために短縮形が作られることになる。略語化は漢字

---

8) 同時代舎、前掲書、1993
9) 日本語教育指導参考書12、『語彙の研究と教育(上)』、国立国語研究所、1984、p.35
10) 上掲書、p.38
11) 上掲書、p.43

の造語においても普遍的に起こる現象である。

  学生食堂 → 学食
  国立国語研究所 → 国研

　外来語の場合は単純語の短縮現象の外にも、複合語の場合、前部、後部、中間部分など語形のどの位置からも自由に省略されている。

  単純語：プロ(フェッショナル)
     リハビリ(テーション)
     パンフ(レット)
  複合語：ソフト(アイス)クリーム
     フリー(アルバイ)ター

3.4 同音異義語の出現

  プロ：プログラム(program)
    プロフェッショナル(professional)
    プロダクション(production)
  ミス：ミステーク(mistake)
    嬢(独身女性)(Miss)
  バス：bus、bath
  コート：coat、court

　上記の用例のように、2音節、または3音節の語形では、同音異義語が必然的に増加し、文脈に頼らずにはその意味の判別が難しくなる。そのための解決方として次の節語での語形の長大化現象が現れることになる。

4. 省略の類型と指導

　筆者の1997年調査では、2音節語(アポ、オペ)から17音節語(アニマル・コンパニオン・コンサルタント)までの語例があった。その中でも6音節語が最も多く、4音節語と7音節語も多く現れた。その点は石野博史(1983:181)の報告とも一致している。これらの資料を基に、省略のパターンをいくつかに整理してみたい。

① 後部省略
　　単純語：リストラ(restructure)
　　　　　　アニメ(animation)
　　複合語：ファッションビル(fashion building)
　　　　　　ニューテクノ(new technology)
　　　　　　ツアコン(tour conductor)
② 前部省略
　　単純語：(アル)バイト(Arbeit)
　　複合語：(ドライ)クリーニング(dry cleaning)
　　　　　　(ニュース)キャスター(news caster)
③ 前部・後部の同時省略
　　リモコン(remote controller)
　　トレパン(training pants)

　日本語化した省略形外来語を学習者に習得させる方法としては、多くの例外を認めながらも、共通語で社会的に認められた語形の生成規則を指導することが必要である。固有語や漢語の音節との違いを指摘しながら、外来語語種の造語の特徴を理解させることである。

(1) 語頭の濁音と半濁音現象

『カタカナ・略語辞典』の311語の和製外来語の用例を、五十音図の行別に割合を比較してみたところ、ハ行が77語で全体の24.75％を占めており、その中でもバ行とパ行の用例が多く現れていた。その点は固有語や漢語の語種とは異なり、外来語で見ることのできる現象である。「日本語らしい語形」や「日本語らしくない語形」[12]といった場合、「バ、ビ、ブ、ベ、ボ」や「パ、ピ、プ、ペ、ポ」で始まる語形は、擬態語や擬声語などの音象徴語を除いては、日本語の語形としては珍しいもので、日本語らしくはないといった印象を与え得る。特に半濁音は漢語や和語では語頭の位置にはあまり現れない。しかし、外来語では頻繁に語頭の位置に使われていることは用例を通して習得させるべきであろう。

バ行：バブル、バックツアー、ビアホール、ベビーブーム、ベースアップ、ボーダレス
パ行：パソコン、パネラー、パンツスーツ、ピーク、プレーボーイ、ペアルック、ペーパードライバー、ポケットベル

(2) 語頭のラ行音

日本語の和語ではラ行が語頭の位置に現れることが多くはない。完了の助動詞「り」、推量の助動詞「らし」「らむ」、接尾詞「ら」「ろ」などは、文節の初めの字には置かれない。だが、外来語の語彙ではラ行が頻繁に現れる。

先に言及した辞典の調査ではラ行で始まる和製外来語語彙は311語のうち36語で多くの割合を占めている。

---

[12] 日本語教育指導参考書12、前掲書、1984, p.15

ラ行：ラジカセ、ランクアップ、リクルートスーツ、リフォーム、ルーズソックス、ルポライター、レジャーマーケット、ロケーション

(3) 語源の統合現象

和製外来語は80％以上が英語からの借用であるが、部分的には他の西洋語と英語が結合するという現象が特徴として現れている。
(英語：E　フランス語：F　ドイツ語：G、イタリア語：I　ポルトガル語：P　スペイン語：S　ロシア語：R)

E＋G	：コンピューターアレルギー(computer＋allergie)、フリーター(free＋Arbeiter)
G＋E	：メルヘンチック(Maerchen＋tic)
E＋F	：メンズエステ(men's＋esthetic)、ロンパリ (London＋Paris)
E＋F	：オペアボーイ(au pair＋boy)、カフェテラス(café＋terrace)、キャバクラ(cabaret＋club)
E＋P	：ミルクパン(milk＋pan)、ハムサラダ(ham＋salad)
I＋E	：グッチャー(Gucci＋er)
S＋E	：アミーゴ・バンド(amigo＋band)
R＋E	：コンビナートシステム(Kombinat＋system)

5. 終わりに

現代日本語において、外来語は急激な増加傾向にある。そして、その語源も英語以外の西洋語からの借用が現れており、二つ以上の語源から成り立つ語形も増加している。日本語教育の観点からは、基本的な日本語化規則を発音と表記の原則に基づいて指導することが求められている。原語そのものを考えることよりは、外来語の基本図を考慮

し、教育に適用することが必要であると考えられる。

　初級レベルの語彙指導においては、和製外来語の問題はそれほど大きな比重を占めるものではないと言えよう。しかし、中級レベルに達すると、和製外来語語彙の登場は急激に増える。特に、新聞などの現実資料では多量に出現し、分野によってはその分布にも大きな違いが現れる。教科書の基本的な外来語の多くは単純語であるが、実生活においては複合語が支配的である。省略形に関する指導は新聞、雑誌、マスコミなどの生活語用例を通じた習得が必要であると考えられる。

Ⅱ.5 第7次教科課程の高校日本語教科書に現れたカタカナ語の分析*

요지

한국의 중등교육의 일본어교육의 교육방침은 교육인적자원부가 제정하는 일본어교육과정에 따라서 시행되고 있다. 교과서도 외국어고등학교 용으로 제작되는 1종교과서와 인문계와 실업계 고등학교 용으로 제작되는 2종교과서가 있으며 교사들은 교육과정의 방침대로 현장에서 사용하고 있다. 제7차교육과정의 일본어 수업은 대체로 고등학교 2학년에서 제2외국어 과목으로 실시되고 있다.

여기서는 제6차 교육과정의 교과서 12책과 제7차 교육과정의 12권을 비교해 가면서 그 중 가타가나로 표기된 단어들에 대하여 분석한다. 어휘의 수는 제6차 교육과정에서 기본어휘1,400어였던 것이 900어로 감소하여 교과서의 내용이 쉬워졌다고 말 할 수 있다. 제7차 교육과정의 일본어 1권의 12책을 가타가나어 사용비율과 교육부의 기본어휘에 포함되어 있는 기본외래어어휘의 사용현상으로 나누어 분석한다. 외래어라는 용어 대신 가타가나어라는 표현을 택한 이유는 많은 교과서들에서 인명, 지명, 고유명사 한국과 관련된 항목들을 가타가나어로 표기하고 있으므로 순수한 의미의 외래어와는 구별하기 위해서이다.

일본어어휘에서 외래어는 급격한 증가현상을 나타내고 있으며 그 중에서도 영어를 모국어로 하는 화자들이나 서양인들이 사용하지 않는 독특한 외래어가 많이 보인다. 이러한 어휘들은 일본식외래어, 화제영어, 화제외래어 등 다양한 명칭으로 부르고 있다.

---

*「日本學報」第59輯, 韓國日本學会, 2004.

화제외래어에는 여러 가지 패턴이 있다. 즉 서양의 음운과 악센트 등의 외래요소를 일본어화하는 데에서 불가피하게 원어가 일본어의 음운체계에 맞추어 일본어화하는 현상이 나타난다. 또한 외래어의 동사에 동사화 어미를 붙이거나 외래어형용사의 어간에 동사화 어미를 붙이는 경우, 외래어의 형용사에 'に'를 붙여서 외래어로 부사를 만들어내는 경우도 있다. 뿐만 아니라 본래의 서양어의 의미를 축소, 확대, 전용하여 일본어에서 사용하는 경우도 빈번히 일어나고 있다.

여기서는 화제외래어의 특징을 영어로부터의 차용, 복합어휘로 많이 만들어지는 경향, 약어로 단축하여 나타나는 현상, 동음이의어가 많이 생산되는 경향으로 나누어 고찰한다. 그 중 전후, 또는 중간의 어느 한 부분의 어형이 생략된 어형에 대한 지도로서 어두의 탁음과 반탁음 현상, 어두의 ラ행음, 서양의 언어들을 하나 이상의 어원으로 차용하여 하나의 어형을 생성하는 어원의 통합현상 등에 대한 지도방안에 대하여 고찰한다.

1. はじめに

本稿は韓国の中等教育のために「教育人的資源部」が提示する教科課程の第2種日本語教科書ⅠとⅡに現れたカタカナで表記されている語彙についての考察である。2001年から始まった第7次教科課程の日本語は選択科目で高等学校では2学年から採択されているので、2003年は 第7次 教育課程によって作られた新しい教科書を使用始める年であった。続けて今年(2004年)3月からは今まで第6次教科課程の教科書を使用していた学校等でも大体新しい教科書で授業するようになっている。

現代日本語の外来語は「氾濫している」と言える程増加している。数的増加のみではなく、その造語力も多様で、新しい語彙の生成に大きく作用していることが見られる。外国人学習者にとっては理解困難なカタカナ語の活用型の新語も登場している。このような日本語外来語の変化を考慮しながら新しい教科書は6年前に製作された第6次日本語教科書に比べてどのような相偉点を見せているのか、出現カタカナ語を中心として比較分析してみることにする。教科書の中にはカタカナ表記で書かれた固有名詞なども多数現れていて、これを「外来語」と言うよりは「カタカナ語」と呼ぶことにする。

2. 高校日本語教科書の概要

2.1 教育課程別特性

　教育課程は告示した年と施行される年が必ずしも一致しないという状況であるが、告示の年を基準に、高校用の日本語教科書の変遷を教科課程ごとの特徴との関連から検討してみる。

① 第1次教育課程期（1955～1963）
　1945年、大韓民国政府の樹立とともに、初等教育において植民地教育として行なわれていた日本語教育は直ちに廃止された。そして、1947年には高等学校の教科課程に外国語教育が導入され、1954年から1955年にかけて外国語学習の目標、教材の選択、教科内容が体系化された。外国語科目は選択科目として英語、ドイツ語、フランス語、中国語が開設された。日本語教育は含まれなかった時期である。

② 第2次教育課程期（1963～1974）
1963年2月15日、文教部令第121号として2次教育課程が告示された後、追加として、1973年2月14日の文教部令第310号で日本語教育が認められた。その他、エスパニア語も追加された。日本語研究会編『日本語読本(上)』『日本語読本(下)』の1種図書1種類が、1973年1学期から使用され始めた。

③ 第3次教育課程期（1974～1981）
国民教育憲章に基づいて、言語機能項目とその学習に必要な資料として、語彙、素材、文型、文法などが提示された。この時期には、韓国日語日文学会編『日本語(上)』『日本語(下)』が単一教材として採択され、参考書も刊行され1979年1学期より使用された。「話す」「聞く」「読む」「書く」といった言語の四つの技能をバランス良く習得することと共に、日本文化の理解が強調された。

④ 第4次教育課程期（1982～1987）
教育開発院によって基礎研究及び総論、各論、試案などが用意された。『日本語(上)』『日本語(下)』5種類の2種図書が5社の出版社によって発行され、1984年1学期から使用された。「話す」「聞く」の音声教育が強調された。

⑤ 第5次教育課程期（1988～1995）
「話す」より「聞く」能力を強調した。『高等学校日本語』(上・下)の 2種図書8種類が採択・発行された。人文系の高校において306,951人、実業界高校において477,498人の合計784,449名が日本語　学習者の数として集計されており、日本語教育の安定期に入った時期である。日本語独自の教科課程が作られた。新しい教科書は1990年1学期から使われ始めた。

⑥ 第6次教育課程期（1996～2001）
『高等学校日本語』Ⅰ、Ⅱがそれぞれ10種であり、日本語専攻者によって日本語教育の経験を基に韓国の高校の現実に合わせて作成された。編纂に先立つ教育部の指針づくりにおいても、日本語教師の意見を取り入れる段階を経た。

⑦ 第7次教育課程期（2001～現在）
エスパニア語をスペイン語に、アラビア語をアラブ語へと名称を変えること

にした。
6次教育課程と同様に外国語での意志疎通能力を養うようにすることと、多様なマルチメディア教授・学習資料の積極的活用を強調している。

2.2 高校日本語教科書

　韓国の高等学校用教科書には大きく分けて①1種教科書、②2種教科書、③認定図書の三つの種類がある。①は特殊目的高校である外国語高等学校で使用し、特殊目的高校である外国語高等学校で使用し、教育部が 編纂する。②は人文系と実業界高等学校で使用し、一般の出版社が編纂して教育部の審議を経て発行することになっている。③は放送通信高校なやその他の高校で使用する教科書で一般の出版社が編纂し、教育部によって指定された機関(韓国教育開発院等)の審議を経て発行する。
　高校の教科書は教育期間の特性に合わせて、特定年齢層の教室活動を通した授業を予想して作られたもので、一般教科書とは根本的に異なると言える。すなわち、学習時間、学習進度、学習者の水準、評価の問題などを考慮して作成する。

　放送用語やドラマなどのセリフ、広告文などの話ことばの言語資料の場合は、新しい文物や 概念を表すために作られてから一定の期間を経てその社会に新語として定着するようになる。
　一方、教科書の用語は他の言語資料に比べ、より保守的で教科書の場合は出版されてから教科課程によって一定の期間の間は改訂版無しで 使われていることになっている。

3. 第6次教育課程期日本語教科書のカタカナ語

　教育人的資源部は第6次教育課程で日本語Ⅰと日本語Ⅱが使用するべき語彙の数を1,400語(基本語彙数771語を含む)と提示した。当時のドイツ語、フランス語、スペイン語、ロシア語などに対しては、1,000語を提示している。しかし、発行された10種類の教科書では、実際のところ平均1,500語が使用された。

3.1 第6次教育課程日本語教科書の使用語彙

　6次教育過程の日本語教科書は10種類が出版された。三つの出版社ではそれぞれ2種類の日本語教科書を発行した。出版社の名前をハングルの字母順に整理すると表1の通りである。

〈表 1〉6次教育課程日本語教科書の種類

略号	出版社	著者
a	教学社A	柳容圭/田泰重
b	教学社B	李奉姫/稲石望
c	金星教科書A	朴熙泰/崔忠熙
d	金星教科書B	李寅泳/李鍾晩
e	民衆書林	李淑子/安秉俊
f	成安堂	安秉坤他4人
g	宋山出版社	金采洙/黄明天
h	時事日本語社	張南瑚/金宇悦
i	志学社	金孝子
j	進明出版社A	柳吉東他2人
k	進明出版社B	李賢基/李漢燮
l	天才教育	金鳳沢/梁淳恵

〈表 2〉6次教育課程日本語教科書の使用語彙数とカタカナ語数

教科書別	a	b	c	d	e	f	g	h	i	j	k	l	平均
使用語彙	659	659	663	686	760	608	655	602	682	674	678	652	665語
カタカナ語	38	31	32	36	73	23	27	32	26	43	55	25	37語
百分率(%)	5.8	4.7	4.8	5.2	9.6	3.8	4.1	5.3	3.8	6.4	8.1	3.8	5.5%

　教育部によって提示された基本語彙のカタカナ語次の23語である。そして各教科書の語彙索引では ＊で示している。

〈表 3〉

カタカナ　カメラ　コーヒー　コップ　コピー　コンピューター シャツ　スカート　スーパー　スポーツ　タクシー　デパート テーブル　テレビ　ドア　ニュース　ネクタイ　ノート　バス パン　ハンカチ　ラジオ　ワープロ（23語）

(1) a教科書

　a教科書は教育部によって使用するように指定さあれた基本外来語の中で13語、その他の一般外来語の25語を使用している。また25語の中には擬声語が2語含まれている。基本外来語以外に使用した一般外来語は次の通りである。

〈表 4〉A教科書の外来語

アイスクリーム　エレベーター　カレンダー　コース　サイクリング　サッカー　ジャケット　スカープ　ステレオ　ソファー　チャンピオン　テニス　+ニャーニャー　ニュース　パーティー　バカンス　バナナ　プール　プレゼント　ベッド　ボールペン　ミルク　モーモー　ラケット　ルール(25語)

(2) b教科書

b教科書は基本外来語の中で15語、その他の一般外来語の16語を使用している。また16語の中には地名が2語と事物の名称が1語含まれている。基本外来語以外に使用した一般外来語は次の通りである。

〈表 5〉 B教科書の外来語

アナウンサー　グラウンド　サッカー　+ソウル　+ニューヨーク　バイオリン　ピアノ　+ヒマラヤ　ビル　ピンク　プレゼント　ペン　ボールペン　マスク　ラーメン　+ネンミョン(16語)

は人名、地名など固有名詞をす。

(3) c教科書

c教科書は基本外来語の中で13語、その他の一般外来語の19語を使用している。また19語の中には地名が1語と事物の名称が2語含まれている。基本外来語以外に使用した一般外来語は次の通りである。

〈表 6〉 C教科書の外来語

+アメリカ　+ウォン　+キムチ　クラス　ゴム　コレクション　サッカー　シャープヘンシル　シャッター　チョーク　チョコレート　テープ　テープレコーダー　テニス　パーティー　ハイキング　ビル　プレゼント　ボールペン(19語)

(4) d教科書

d教科書は基本外来語の中で19語、その他の一般外来語の語を使用

している。また語の中には地名が2語と事物の名称が17語含まれている。基本外来語以外に使用した一般外来は次の通りである。

<表 7> D教科書の外来語

+アメリカ　アルバム　+イギリス　+ウォン　クラス　ジュース　スキー　チケット　チョーク　テニスパーティー　バイク　ピアノ　ボールペン　ホテル　ミルク　レストラン(17語)

(5) e教科書

e教科書は基本外来語の中で12語、その他の一般外来語の61語を使用している。また語の中には地名が1語と人名が2語と事物の名称が2語含まれている。基本外来語以外に使用した一般外来語は次の通りである。

<表 8> E教科書の外来語

+アメリカ　アルバイト　アルバム　+ウォークマン　エンジンニア　カード　カウンター　カセット　テープ　ガラス　ギター　キャッユ　クラスメート　ゲーム　コーヒーショップ　サクラ　サッカー　サラダ　シャンペン　ジョギング　+シルム　スキー　ゼミ　タバコ　タワー　チャンス　デザイナ　テニスコート　トイレ　パーティー　パイロット　パジャマ　バスケット　パソコン　バドミントン　バナナ　バレーボール　+ハングル　ピアノ　ビール　ビル　ピンポン　プレゼント　ベット　ペンパル　ホーム　ボーリング　ボールペン　ボックス　ホテル　+ミドリ　メートル　メニュー　ラーメン　ライス　ラジカセ　ランチ　+リー　レストラン　レポート　ロビー(61語)

(6) f教科書

　f教科書は基本外来語の中で23語、その他の一般外来語の13語を使用している。また13語の中には事物の名称が1語含まれている。基本外来語以外に使用した一般外来語は次の通りである。

〈表 9〉F教科書の外来語

+ウォン　カード　サッカー　シーディー　ステレオ　ストレス　テープ　パスポート　プール　プレゼント　ボール　ボールペン　メモ(13어)

(7) g教科書

　g教科書は基本外来語の中で21語、その他の一般外来語の6語を使用している。また6語の中には事物の名称が1語含まれている。基本外来語以外に使用した一般外来語の語彙は「アレルギー　+ウォン　タワー　チーズ　パーティー　ポスト　ヨット」である。

(8) h教科書

　h教科書は基本外来語の中で18語、その他の一般外来語の14語を使用している。基本外来語以外に使用した一般外来語は次の通りである。

〈表 10〉H教科書の外来語

アパート　キチン　クラス　クラスメート　スカーフ　ダイニングルーム　タワー　テープ　テニス　ベル　ボールペン　マンション　メモ　リビングルーム(14어)

(9) I教科書

i教科書は基本外来語の中で14語とその他の一般外来語の12語を使っている。12語の中には事物の名称が1語含まれている。基本外来語以外に使用した一般外来語は次の通りである。

<表 11> I教科書の外来語

アパート　カード　クラス　サークル　サッカー　スキー　バイバイ　バナナ　ビル　+メートル　メンバー　レストラン(12語)

(10) j教科書

j教科書は基本外来語の中で19語、その他の一般外来語の24語を使用している。また24語の中には地名が2語含まれている。基本外来語以外に使用した一般外来は次の通りである。

<表 12> J教科書の外来語

アイスクリーム　+アメリカ　オートバイ　ギター　ケーキ　ゴム　サッカー　ジュース　スキー　スケート　ゼントルマン　+ソウル　テニス　ハンバーガー　ピアノ　ピクニック　ピン　+フランスプレゼント　ベット　ベンペンチ　ペンギン　ボール　レストラン(24語)

(11) k教科書

k教科書は基本外来語の中で12語、その他の一般外来語の43語を使用している。また43語の中には地名が16語と事物の名称が4語含まれている。基本外来語以外に使用した一般外来語は次の通りである。

<表 13> K教科書の外来語

アイスクリーム　+アメリカ　+アメリカンスクール　+イギリス　+インチョン　+インド　+ウォン　エアメール　エスカレーター　カップ　+キョンボックンクラス　グラス　ケーキ　コーナー　コーラ　ジュース　+シンチョン　スプーン　+ゼロ　+ソウル　+ソラクサン　タワー　チーズ　+チェジュド　テニス+テッハンノ　+ドイツ　+ナムサン　パーティー　+ハニル　+ハンガン　+ハングワ　ビール　+ビウォン　+ブサン　+フランス　プレゼント　ベーカリー　ボールペン　ポスト　メモ　ロボット(43語)

(12) I教科書

I教科書は基本外来語の中で18語、その他の一般外来語の7語を使用している。また7語の中には固有名詞が1語含まれている。基本外来語以外に使用した一般外来語は「+ウォン　ケーブルカー　バスケットボール　バナナ　ピアノ　ビデオテープ」の7語である。

3.2 カカタカナ語出現によるの比較

(1) カカタカナ語使用量

以上で第6次教育課程程『日本語Ⅰ』12種類におけるカカタカナ語を比較分析してみた。教育部が提示した基本外来語は23語である。カカタカナ語の使用量によって三つのグループに 分けられる。

Ⅰ グループ：23〜27語を使用している教科書　　f, g, i, l
Ⅱ グループ：30〜38語を使用している教科書　　a, b, c, d, h
Ⅲ グループ：40〜73語を使用している教科書　　e, j, k

(2) 教育部基本外来語の使用による比較

基本外来語は23語であるがその中の10語から21語の使用分布を現れている。

Ⅰ グループ：10～15語を使用している教科書　　a, b, c, e, f, i, k
Ⅱ グループ：18～21語を使用している教科書　　d, g, h, j, l

(3) 教育部基本外来語の出現使用頻度による比較

〈表 14〉 基本外来語の使用

順位	頻度	語彙項目
1	12種で 使用	バス　パン
2	11種で 使用	ノート
3	10種で 使用	コーヒー デパート テレビ ラジオ
4	9種で 使用	コンピューター スポーツ
5	8種で 使用	カメラ ドア ネクタイ ワープロ
6	7種で 使用	コップ シャツ テーブル ハンカチ
7	6種で 使用	スカート スーパー ニュース
8	4種で 使用	カタカナ コピー タクシー

4. 第7次教育課程期日本語教科書のカタカナ語

第7次教育課程で提示する外国語教育の目標にしたがって日本語 教科書も 聞く、言うこと、読み取り、書き取りの言語の4機能を統合的に考慮した。なによりも学習者中心活動と意志疎通機能を強調しながら製作された。従来の第4、5、6次教育過程機宜教科書と比較するとその内容が容易に編纂になって学習者が実際に習った内容を使用でき

るように 考慮になったと 見られる。

　7次教育課程の性格は6次教育課程に比べて①情報収集と通信能力を強調すること②日本文化を理解すること③韓・日間の紐帯を強化しようという点である。コミュニケーション能力を重視するという第 7 次教育課程の目標に合わせて高校の日本語教科書では話し言葉の占める割合が増加を見せている。そして場面の多様化が著しくなってカタカナ語の数も増加していると言える。

〈表 15〉 7次教育課程日本語教科書の使用語彙数とカタカナ語数

区分	出版社	著者
a	教学社A	柳容圭他2人
b	教学社B	李奉姫/金南益
c	大韓教科書	金淑子他3人
d	民衆書林	李淑子他5人
e	Blackbox	韓美卿他3人
f	成安堂	安秉坤他3人
g	時事英語社	張南瑚他2人
h	志学社	金孝子他2人
i	進明出版社A	柳吉東他3人
j	進明出版社B	李賢基他2人
k	天才教育	,梁淳恵他3人
l	学文出版	趙南星/北,直美

4.1 カカタカナ語使用量

〈表 16〉 教科書別カタカナ語使用

教科書別	a	b	c	d	e	f	g	h	i	j	k	l	平均
使用語彙	574	668	513	604	586	620	574	502	614	433	558	467	559語
カタカナ語	43	55	38	76	55	59	47	35	78	47	39	32	50語
百分率(%)	7.5	8.2	7.4	12.6	9.4	9.5	8.2	7.0	13	11	7	6.9	9%

表15でわかるように『日本語Ⅰ』の12種教科書の使用語彙は559語になっているのでかなり初歩的な文で構成されていると思われる。

カタカナ語の使用が平均9%を現している。しかしこれは人名や地名等の固有名詞をカタカナで表記した語彙を多数 含んでいる。

<表 17> 7次教育課程日本語教科書の基本外来語

アクセス　Eメール　インターネット　ウォークマン　カメラ　カラオケ　ゲーム　コーヒー　コップ　コピー　コミュニケーション　コンピューター　サッカー　ジャズ　シャツ　ジュース　スカート　スーパー　スポーツ　ズボン　タクシー　タバコ　データー　テーブル　テニス　デパート　テレビ　ニュース　ネクタイ　ノート　バス　パソコン　パン　ハンカチ　ファン　ホームページ　ボールペン　ポケベル　ラジオ　ラップ　ロック　ワープロ(42語)

<表 17>

教科書別	カタカナ語数	＊ 基本外来語	一般外来語	固有名詞	オノマトペ
a	43	15	21	6	1
b	55	26	29	o	o
c	38	27	11	o	o
d	76	14	25	37	o
e	55	26	14	15	o
f	59	8	24	27	o
g	47	23	19	5	o
h	35	17	17	1	o
i	78	25	42	11	o
j	47	14	26	7	o
k	39	17	13	9	o
l	32	23	7	2	o

表17は12種類の教科書別にカタカナ語の構成を分析したのである。

① 固有名詞の使用量

韓国文化を紹介するために「オンドル、シルム、サムルノリ、ノリゲ、ハルバン」などの固有名詞をカタカナ表記で提示している。「フランス、ドイツ、ニューヨーク、ロンドン」などの地名を含む固有名詞も数多く提示されている。

初級の学習者には負担になると思われる。

② 教育部の基本外来語の他に一般外来語をたくさん取り上げている教科書もある。その内容は主に日常生活に関する文化語である。（ビデオ、マンション、ラーメン）

③ 教育部の基本外来語には入っているが実際使うことのないものは教科書の内容に取り上げていない。（ワープロ、ウォークマン）

④ 12종의『일본어Ⅰ』에 나타나고 있는 교육부의 기본외래어를 그 출현빈도에 따라 비교하면 다음과 같다.

12種の『日本語Ⅰ』に現れている教育部の基本外来語をその出現頻順に整理すると次の通りである。

〈表 18〉 教育部の基本外来語出現頻度

出現教科書数	カタカナ語
12種	テレビ
11種	ゲーム　サッカー
10種	Eメール　コンピューター　スポーツ　デパート　バス
9種	インターネット　コーヒー　ジュース　テニス　ホームページ
8種	カメラ　パソコン　パン
7種	スーパー　テーブル　ラジオ
6種	シャツ　ノート

5種	ジャズ　ロック
4種	タクシー
3種	コップ　コピー　スカート　ニュース　ネクタイ
2種	アクセス　タバコ　ドア　ボールペン　ラップ
1種	カラオケ　コミュニケーション　データー　ハンカチ　ポケベル　ワープロ

　教育部の基本外来語中から次の3語は『日本語Ⅰ』ではその用例が現れない。しかし『日本語Ⅱ』に現れているかもしれない。

　　　ウォークマン　　ズボン　　　ファン

5. まとめ

　第6次教育課程と第7次教育過程の『日本語Ⅰ』の高等学校教科書12種の24冊に出ているカタカナ語を検討してみた。6次教育課程の1,400語が900語に減って、その内容もよりわかりやすくなったりおもしろくなって来た。また日常生活に関係のある文化語などが多く使われて、韓国の文化を外国人に紹介する際に役に立つ日本語の表現も取り入れられている。『日本語Ⅱ』にはこのような内容が強調されている。
　日本語学習においてカタカナ語習得は容易ではない。初級段階ではまずひらがな表記を学習してから徐々にカタカナ語を学習するようにしている場合が多い。
　現行高等学校教科書はセンテンスパターンの教科書からスピーチパターンの方向に向かって変化している。すなわち初級段階からコミュニケーション機能を強調する学習法が導入されて学習者にはより実用的な学習が可能になったと言える。したがって展開される各場面には

数多くの外来語が登場している。教科書ではよりやさしくて出現頻度の高いカタカナ語を段階的に提示することが要求されている。

제Ⅲ장 일본어외래어와 한국어외래어

Ⅲ.1 일본어와 한국어의 외래어의 대조*

1. 들어가기

　외래어(Foreign Borrowed Word)는 외국의 언어체계의 자료(語, 句, 文字 등)가 다른 나라의 언어체계에 들어가서 사회적으로 그 사용이 승인되어진 어휘[1]를 가리키며 대체로 차용어라고도 불린다. 현대일본어와 현대국어의 외래어의 증가현상은 새로운 문물이 외국으로부터 유입되어 들어오거나 만들어질 경우에는 번역되어서 그 나라의 어휘와 음운, 그리고 표기체계에 맞게 수용되기도 하나 외래어 형태 그 자체로 받아들이게 됨에 따라 나타난다. 새로운 개념이 다른 언어체계에 原語와 함께 들어가게 될 때, 訳語로 바꾸는데는 제한이 있고 언어대중의 감각에 맞게 차용어로서 정착되어 버리는 경우가 늘어나고 있다. 그러므로 일본어와 한국어의 고유의 음운과 표기의 체계는 이러한 외래어의 증가현상에 따라 영향을 입게 된다. 일본어에 있어서는 漢字의 조어력을 바탕으로 漢字1語(1拍語) 내지 漢字2語(2拍語)로 받아들이게 되나 동음이의어가 많이 생산될 뿐만 아니라 시각적으로 가타카나 표기로서 구별할 수 있는 외래어가 한자의 기능을 담당하게 되어가고 있는 현상이다. 그러나 외래어의 범람현상은 전문가 이외의 일반인들에게는 이해하기 어려운 新造語가 수없이 늘어나고 있다는 문제점도 나타내고 있다. 1948년부터 매년 간행되고 있는「現代用語の基礎知識」[2]을 비롯하여「朝日 キ-ワ-ド」[3] 등

---
*「인문과학연구」상명대학교, 1997.
1) 石野博史,「現代外国語考」大修館、1983、p.21

의 新語사전들이 이러한 문제점을 해결해 주고 있다. 일본어의 표기에서 외래어표기는 가타카나로 하고 있어서 외국인 학습자들에게 식별의 문제점은 없으나 축약 생략, 의미의 전이현상, 몇 가지 다른 외국어들을 혼합하여 만들어지는 일본식 외래어, 그리고 혼종어4)에 대한 정확한 이해 등이 학습의 과제로 등장한다.

본고는 일본어외래어의 음운과 표기를 한국어와 대조의 관점에서 파악하고자 하는 시도이며 형태 음운론적 비교와 의미의 대조에 대해서는 앞으로의 연구과제로 미루기로 했다.

2. 일본어외래어

2.1 일본어의 어휘구조

일본어의 외래어에 관한 앞선 연구로는 외래어의 역사에 대하여 武部良明(1971), 遠藤織枝(1989), 佐竹秀雄(1986), 富田隆行(1991), 그리고 외래어의 문제를 포괄적으로 다룬 연구업적으로 石野博史(1985), 矢崎源九郎(1964), 石綿敏雄(1985) 등을 들 수 있다. 그리고 한국 내의 연구자들에 의한 일본어 외래어에 대한 연구로는 일본어외래어의 음절을 다룬 김원익(1991), 외래어의 장모음에 관한 허광회(1991), 최승혜(1995), 음성적 특질에 관한 김숙자(1997), 한국어와의 대조연구로는 김재영(1993), 이은민(1992), 정혜경(1995), 사회언어학적 관점에서 외래어의 수용의식

---

2) 「現代用語の基礎知識」、自由国民社、1997
3) 「朝日キ-ワ-ド」、95-96、朝日新聞社編
4) 일본어의 어휘체계는 일본 고유어인 和語, 중국으로부터의 漢語 그리고 서양으로부터의 차용어인 外来語들이 서로 결합하여 하나의 어휘를 만들어내는 混種語의 4종류로 구성되어진다.

을 분석한 정지영(1995) 등을 들 수 있다.

일본어외래어는 일본에 유입된 시기에 따라 역사적으로 몇 단계로 나누어 볼 수 있다.5) 고대일본어에는 한국어와 아이누어와 중국으로부터 한자어가 들어갔으며, 중세에는 포르투갈어, 스페인어, 화란어 등의 유럽 언어, 근세에는 영어, 불어, 독일어, 이태리어, 러시아어 등의 언어가 차용되었고, 현대일본어에는 영어가 많은 비율을 차지하고 있는 것으로 나타나있다. <표 1>은 일본어외래어에서 영어를 원어로 하는 어휘에 대한 비율을 나타내고 있다.

<표 1>6) 일본어외래어의 어원

학자별	비율	년도
矢崎源九郎	83%	1964
棋垣実	83%	1963
荒川物兵衡	89%	1931
岩波国語辞典	72%	1963
国立国語研究所	81%	1962

<표 1>에서 보여주는 바와 같이 현대일본어의 외래어는 영어를 原語로 하고 있다고 말할 수 있다. 漢語는 서양의 언어들과 비교해 보면 일본어에 유입된 시기가 시대적으로 앞섰다. 그리고 일본의 고유문자인 仮名(히라가나와 가타가나)가 만들어지기 이전까지 이미 일본인의 문자생활을 지배하였고 그 기본을 담당하고 있었던 것이다. 仮名의 제정은 한

---

5) 제1기는 奈良時代의 한자어, 제2기는 室町時代말 폴투갈, 스페인 등으로 부터의 선교사와 더불어 서양어, 제3기는 明治時代(1868) 영어를 비롯한 서양어, 제4기는 2차세계대전 후 미국으로부터 영어의 차용을 들 수 있다. 한자어는 몇 세기에 걸쳐 서서히 차용되었으나 외래어는 제3기와 제4기에 급증하였다.
6) 矢崎는 일본인의 일상생활에서 사용되어지고 있는 사용빈도수가 높은 외래어 60語를 추출하여 조사하였고 기타의 연구보고도 전체외래어에 대한 영어에서 들어온 외래어의 비율에 대한 분석결과이다.

자어를 기본으로 간략체를 고안해서 만들어졌고 10C 당시 일본고유의 문자를 '仮名'라고 부르고 한자를 '真名'라고 칭했다. 이와 같이 넓은 의미의 외래어에는 한자어가 포함되나 4C경부터 이미 중국에서 많은 양의 어휘가 일어에 들어가 일본어의 어휘체계에 많은 영향을 미쳐 일본인들에게는 한자어가 차용어라는 의식이 매우 희박하다. 따라서 한자는 넓은 의미의 외래어에는 포함시키나 좁은 의미의 외래어에는 제외되고 서양으로부터 유입된 어휘들만을 가리킨다. 이들 외래어는 가타카나로 표기하는 것을 표기의 원칙으로 정하고 있고 '洋語', '가타가나語', '가타카나 외래어', '가타카나 영어' 등으로 부르기도 한다.

일본어의 어휘사용에 있어서 외래어가 차지하는 비율은 전체적으로 급격한 증가 추세를 나타내고 있다. 외래어는 차용어로서 사용되는 단계를 넘어서서 새로운 어휘를 만들어내는 기능을 하고 활용 등 문법체계도 변화를 가져오고 있는 상태이다.

외래어의 범람현상에는 다양한 원인이 있겠으나 외래어에 대한 찬성론으로는 외래어는 매우 유익하며 국제화 사회에 알맞게 적극적으로 도입해야 한다고 주장한다. 특히 話しことば(구어체 문장)에는 외래어가, 書きことば(문어체 문장)에는 한자어가 많이 사용된다고 지적한다. 스포츠, 의학용어 부품의 명칭, 패션, 식품 등에서 일상어로 정착되고 있는 외래어가 많다.[7] 더구나 야구경기 등에서 사용되는 용어들을 순수 일본어로 고치게 되면 시합의 전개를 이해하기 어려울 정도로 외래어가 일상생활에 정착되었다고 한다. 한편 비판론을 보면, 일본인들은 옛날부터 외국의 문물에 대하여 호기심이 많고 충분한 고려 없이 적극적으로 받아들였고 이를 일본어로 고치려 하지 않았으므로 신문 등에서도 사용을 억제해야

---

7) 福地(1990)에서는 전체 어휘의 10%가 외래어의 사용비율로 나타나며 石野(1983)에서는 전문, 패션, 미용, 식생활용어의 80%, 스포츠 76%, 주택관계용어의 67%로 보고되고 있다.

한다고 주장한다. 찬성론과 비판론에도 불구하고 현대일본어에서 외래어가 차지하는 비율은 객관적인 언어사용 실태조사보다 훨씬 더 높은 비율로 나타난다. <표 2>는 일본의 국립국어연구소의 조사결과로 고유어인 和語, 한자어, 외래어, 그리고 혼종어 별로 사용 어휘를 분석하여 외래어가 전체어휘체계에서 차지하는 비율을 나타내었다.

<표 2> 일본어 어휘에서의 외래어 비율

조사내용	백분율	년도
잡지 90종의 어휘분석	9.8	1956
신문3종의 1년 분 석간과 조간	12.0	1966
고교교과서의 사회·자연과목 용어	6.1	1974

그러나 <표 2>의 결과를 비롯한 실태조사들과 주요 사전들의 표제어(見出し語)들이 나타내는 10.9% 보다 훨씬 더 높은 외래어어휘 사용실태를 알 수 있다. 뿐 만 아니라 전문분야별(경영, 공학, 역사 등) 수치와 실생활분야(패션, 스포츠 등)에서의 외래어 사용은 큰 차이를 나타낸다. 범람현상은 주로 거리의 간판, 광고, 가게이름, 상품명, 영화 방송프로그램의 제목 등에 나타나고 있으며 교과서 어휘로는 10% 미만으로 7.6% 정도로 나타난다.

새로운 문물이 만들어지거나 외국으로부터 들어오게 될 때 고유어, 한어, 외래어, 혼종어 등의 語種은 각각 기능 분담을 하게 된다. 외래어는 문의 의미내용을 구성하는데 있어서 중요한 역할을 하며 고유어에 비해 정보의 양이 많다는 이유로 지적전달을 위한 어휘들로서 자주 사용되어지고 있다. 특히 컴퓨터의 대량 보급과 더불어 키워드로서 많이 쓰여지고 있다.

정지영(1955; 38-49)의 조사에서는 일본인들의 외래어 수용의식에 대하여 긍정적인 측면과 부정적인 측면이 나타났다. 외래어는 '경쾌한 말'(30.1%), '지식층이 사용하는 말'(18.0%), '능률적인 말'(19.3%) 이라는 마이너스 이미지를 동시에 보여주고 있다. 그러한 수용의식과는 다르게 실제 생활에 있어서는 외래어는 기능적이며 신선한 느낌을 준다고 하며 상업주의와 결합하여 새로운 이미지를 추구하는 현대인들에게는 분별없이 그 사용량이 급증하는 추세를 나타내고 있다.

野村雅昭(1984 : 42)는 新語辞典인「現代用語の基礎知識」(自由国民社)의 1960년 판과 1980년 판에 수록된 見出し語 색인을 분석하여 語種의 구조와 변화를 보고한 바 있다.

<표 3> 일본어어휘의 어종별 구성의 변화

어종 \ 년도	1960년 판		1980년 판	
語種	語数	백분율	語数	백분율
고유어	358	3.6	441	1.9
한 어	3,987	40.2	6,763	28.8
외래어	4,271	43.1	13,499	57.6
혼종어	1,304	13.1	2,745	11.7
합 계	9,920語	100%	23,448語	100%

<표 3>에서 보는 바와 같이 현대일본어에서 사용되는 新語에서 외래어의 사용은 한어를 상회하고 있고 1960년과 1980년 사이에 14.5%의 급증현상을 보여주고 있다. 또한 野村의 같은 조사에서 1960년 판과 1980년 판에 추가된 見出し語 17,679語를 어종 별로 분석한 결과는 <표 4>와 같다.

<표 4> 어종별 어휘구성

語 種	語 數	백분율
고유어	253	1.4
한 어	4,896	27.7
외래어	10,293	58.2
혼종어	2,237	12.7
합 계	17,679語	100%

여기서 우리는 외래어가 현대일본어의 어휘체계 전체에서 차지하는 비율과 동시에 1960년에서 1980년 사이에 다른 어종의 어휘에 비해 급격한 증가추세를 나타내고 있음에 주목하여야 할 것이다. 고유어는 새로운 문물에 대해 번역어(訳語)로 고치기 어렵다는 이유로 해서 점점 그 세력이 약해졌고 외래어가 현대어의 어휘체계에 영향을 미치고 있다고 볼 수 있다.

2.2 외래어의 음운과 표기

외래어의 어휘가 일본어에 들어올 때 외국의 나라이름, 지명, 인명 등의 경우에는 原音에 충실하려고 하는 원음주의를 따르게 되며 그밖에는 일본어의 음운체계에 맞게 일본어음으로 바뀐다. 즉 일본어의 음운에 존재하지 않는 음운이나 음절에 대해서는 일본어 고유의 음절 이외에 추가되는 이른바 일본어 음절의 증가현상을 나타내게 된다.

(1) 모음

현대 일본어의 모음은 /a i u e o/의 5모음체계이므로 다양한 서양의 언어의 모음의 발음을 원음에 가깝게 나타내기에는 부족하며 일본어의 5

개의 모음으로 통합하는 현상이 나타난다.(이하에서 영어는 E로, 일본어는 J로, 한국어는 K로 나타내기도 한다)

① E의 [i]와 [iː]는 J의 [i]와 [ii]와 대응한다.
    E : [kiː] key   J : [kii]   キー
       [siːt] seat[siito]   シート

② E의 [e]와 [eː]는 J의 [e]와 [ei] 또는 [ee]와 대응한다.
    E : [memo] memo   J : [memo]   メモ

③ E의 이중모음 [ei]는 J의 [ei] 또는 [ee]와 대응한다.
    E : [keis] case   J : [keesɯ]   ケース

④ E의 [æ, ʌ, ə]는 J의 [a]로 통합된다.
    E : [ɡlas] glass   J : [ɡɯrasɯ]   グラス
       [ælbʌm] album   [arɯbamɯ]   アルバム
       [bʌs] bus[[basɯ]   バス
       [fəni] funny   [fɯanii]   ファニー

⑤ E의 [ɔː, əːr, aːr]은 J의 [aa]로 통합된다.
    E : [sentəːr]   J : [sentaa]   センター

⑥ E의 [o, ɔ, ɔːr, ou]은 J의 [o]와 [oo]로 통합된다.
    E : [model] model   J : [moderɯ] モデル
       [pɔːk] pork   [pookɯ]   ポーク
       [bout] boat   [booto]   ボート

⑦ E의 [u]와 [uː]는 J의 [ɯ]와 [ɯɯ]에 대응한다.
    E : [buk] book   J : [bɯkkɯ]   ブック
       [ruːm] room   [rɯɯmɯ]   ルーム

⑧ E의 이중모음 [ai]와 [au]는 ㅓ의 [ai]와 [aɯ]에 대응한다.
    E : [taim]   time   J : [taimɯ]   タイム
       [haus] house   [haɯsɯ]   ハウス

(2) 자음

① E의 [r]과 [l]은 J의 [r]로 통합된다.
    E : light[lait], right[rait]
    J : ライト[raito]

② E의 [s]와 [θ]는 J의 [s]로 통합된다.
    E : pass[pæs], path[pæθ]
    J : パス[pasɯ]

③ E의 [z]와 [ð]는 J의 [z]로 통합된다.
    E : [zæz]   jazz   J : [zaz]   ジャズ
      [braðə] brother   [brazə]   ブラザ-

④ E의 [b]와 [v]는 J의 [b]로 통합된다.
    E : best[best], vest[vest]
    J : ベスト[besto]

(3) 반모음

E의 [j]와 [w]는 J의 [j]와 [w]에 대응한다.
    E : [jaːd]   yard   J : [jaːdo]   ヤ-ド
      [wəːtə] water   [woːta]   ウォ-タ-

(4) 외래어음의 표기

일본의 문화청(1974)의 외래어표기의 원칙은 다음과 같다.

① 외래어는 원칙적으로 가타카나로 표기한다.
② 관용적으로 고정되어 있는 것은 그대로 따르기로 한다.
③ 撥音은 ン으로 표기한다.
④ 促音은 ッ로 작게 쓴다.
⑤ 拗音은 ャ, ュ, ョ로 작게 쓴다.
⑥ 장모음은 ㅡ 부호로 나타낸다.
⑦ [f]음은 ファ フィ, フ, フェ, フォ로 쓴다.
⑧ [V]음은 ヴァ, ヴィ, ヴ, ヴェ, ヴォ로 표기하며 가능하면 バ ビ ブ ベ ボ로 쓰기를 권장한다.
⑨ ティ, ディ의 음은 チ, ジ로 쓴다.
⑩ [tsɯ]와 [t]음은 ツ와 ト로 표기한다.

그러나 이와 같은 종래의 표기법에서 '가능한 한'이라는 표현을 벗기고 더 현실화시킨 내각고시 '외래어표기' 원칙이 1990(平成 2년)에 개정안으로 발표되었다. 그 내용은 다음과 같다.

① ファ, フィ, フュ, フェ, フォ는 ハ, ヒ, フ, ヘ, ホ로 쓰는 경우도 있다.
② ヴァ, ヴィ, ヴ, ヴェ, ヴォ는 일반적으로 バ, ビ, ブ, ベ, ボ로 쓸 수 있다.
③ ティ, ディ는 외래어의 ティ와 ディ에 대응하는 仮名이다.
④ チ, ジ로 쓰는 관용적인 것은 그대로 따른다.
⑤ シェ와 ジェ는 외래어의 シェ와 ジェ에 대응하는 仮名이다.
⑥ セ와 ゼ로 쓰는 관용적인 것은 그대로 따른다.
⑦ ウィ, ウェ, ウォ는 외래어의 ウィ, ウェ, ウォ에 대응하는 仮名이다.
⑧ ウイ, ウエ, ウオ로 쓰는 관용적인 것은 그대로 따른다.
⑨ テゥ, デゥ는 외래어의 テゥ, デゥ에 대응하는 仮名이며 일반적으로 チュ, ヂュ로 쓸 수 있다.
⑩ トゥ, ドゥ는 외래어 トゥ, ドゥ에 대응하는 仮名이며 일반적으로 ト, ド로 쓸 수 있다.

⑪ フゥ, ヴゥ는 외래어 フゥ, ヴゥ에 대응하는 仮名이며 일반적으로 ヒュ, ビュ로 쓸 수 있다.

결과적으로 개정이후의 표기는 현실 음에 더 접근하였고 외래어를 중심으로 음절의 수가 33개 더 증가하게 되었다.

3. 한국어외래어

3.1 외래어 표기법

한국어의 외래어는 19세기 말엽에 일본을 통해 서구의 문물과 함께 들어오기 시작하였다. 외래어에 관한 규정은 1933년 조선어학회에서 「한글맞춤법 통일안」에서 비롯되었다. 당시 외래어의 표기는 새 문자나 부호를 쓰지 않고 한글자모만 가지고 표기하는 원음주의를 따르기로 하였다.

1940년	외래어 표기법 통일안 공포
1941년	외래어 표기법 통일안 발간
1948년	외래어 표기법 제정
1958년	로마자의 한글화 표기법 제정공포
1959~72	편수자료 제1-6집 발간
1979	외래어 표기법안 마련
1986	외래어 표기법 문교부 고시로 시행
1991	동구권 언어(5개국) 표기법 시안 마련
1992	동구권 언어에 대한 표기법 고시

위에서 살펴본 바와 같이 한국어의 외래어표기에 관해서는 현재 1958년에 제정된 「로마자의 한글화 표기법」을 근간으로 하여 표기상의 문제점을 보완하여 문화부 고시 제1992-31호로 시행하게 된 「외래어 표기법」

에 따르고 있다. 그 내용은 전체가 4장으로 구성되어져 있다.

> 첫머리 : 외래어표기법 발전 경위
> 제1장 : 기본원칙 제시
>   제1항 외래어는 국어의 현행 24 자모만으로 표기한다.
>   제2항 외래어의 1음운은 원칙적으로 1 기호로 표기한다.
>   제3항 받침에는 'ㄱ, ㄴ, ㄹ, ㅁ, ㅂ, ㅅ, ㅇ' 만을 쓴다.
>   제4항 파열음 표기에는 된소리를 쓰지 않는 것을 원칙으로 한다.
>   제5항 이미 굳어진 외래어는 관용을 존중하되, 그 범위와 용례는 따로 정한다.
> 제2장 : 표기의 일람표를 10개의 표로 제시한다.
> 제3장 : 표기 세칙 제시
>   영어, 독일어, 프랑스어, 에스파냐어, 이탈리아어, 일본어, 중국어, 폴란드어, 체코어, 세르보크로아트어, 루마니아어, 헝가리어 등 개별언어의 표기에 대하여 해설하고 제시하였다.
> 제4장 : 인명, 지명 표기 원칙

「외래어 표기법」의 제3장의 제6절에서 일본어의 표기에 대하여는 촉음(促音)은 'ㅅ'으로 통일해서 표기한다는 내용과 장모음(長母音)은 따로 표기하지 않는 것으로 되어있다. 그 이외에는 제2장의 표4(일본어의 가나와 한글 대조표)에 제시된 바와 같이 일본어의 가나와 한글의 어두와 어중·어말 위치에 따른 표기를 따르기를 규정하고 있다.

한국인들은 외래어의 이미지에 대하여 부정적인 평가를 하고 있는 편이다. 그럼에도 불구하고 실제 언어생활에 있어서는 증가추세를 나타내고 있으며 연령층과 계층과 전문분야에 따라 크게 달라지고 있다고 볼 수 있다. 외래어 사용의 장점으로는 새로운 문물과 감각을 받아들이고 사고의 전달에 있어서 유리하다는 점을 들고 있으며 단점으로는 국어순화의 차원에서 알맞은 한국어로 번역하여 나타내는 것이 바람직하다는 점이 지적되고 있다.

3.2 외래어의 음운과 표기

한국어의 모음체계는 単母音과 重母音으로 구성되어지고 있어서 영어를 비롯한 서양의 언어들의 외래어음을 나타내는데 있어서 일본어의 경우에서 보다 훨씬 더 현실 음에 접근할 수 있다.

단모음 : [i]이　　[e]에　　[ɛ]애　　[y]위　　[ø]외
　　　　[ɨ]으　　[ə, ʌ]어　[a, ɑ]아　[u]우　　[o]오
중모음 : [wi]위　　[we]웨　　[wɛ]왜　　[wa]와　　[wʌ]워
　　　　[je]예　　[jɛ]얘　　[ja]야　　[jʌ]여　　[jo]요　　[ju]유　　[ ]의

한국어의 단모음은 영어의 모음들과 <표 5>와 같이 대응한다.

<표 5> 한국어와 영어의 단모음비교

K		E	
[i]	핀	[pin]	pin
[e]	펜	[pen]	pen
[ɛ]	캥거루우	[kǽŋgəruː]	kangaroo
[y]	퀴즈	[kuiz]	quiz
[ø]	왜		
[ɨ]	스푼	[sïpuːn]	spoon
[ə]	바나나	[bənænə]	banana
[ʌ]	컵	[kʌp]	cup
[a]	스마일	[smail]	smile
[ɑ]	마마	[maːmə]	mama
[u]	쿠키	[kukiː]	cookie
[o]	오피스	[ofis]	office

중모음은 영어의 모음들과 <표 6>과 같이 대응한다.

<표 6> 한국어와 영어의 이중모음비교

	K		E
[wi]	위스키	[wiski]	whisky
[we]	웹	[web]	web
[wɛ]	왜		
[wa]	괌	[ɡwam]	Guam
[wʌ]			
[je]	예스	[jes]	yes
[jɛ]	양키	[jɛnki]	yangkee
[jɑ]	야드	[jaːrd]	yard
[jʌ]	옆		
[jo]	뉴욕	[njujoːrk]	New York
[ju]	유스	[juːθ]	Youth
[ï]	의사		

(2) 자음

한국어의 자음은 平音, 激音, 硬音(濃音)으로 구성된다.

평음(平音) : ㄱ, ㄴ, ㄷ, ㄹ, ㅁ, ㅂ, ㅅ, ㅇ, ㅈ, ㅎ
격음(激音) : ㅋ, ㅌ, ㅍ, ㅊ
경음(硬音) : ㄲ, ㄸ, ㅃ, ㅆ, ㅉ

한국어의 자음은 初声, 中声, 終声으로 VC형, (CS)V형, C(S)VC형 등의 폐음절을 구성한다.

초성은 VC나 CVC 등의 음절에서 중성인 단모음이나 중모음의 앞에 오는 자음들을 가리킨다. ㅂ, ㅃ, ㅍ, ㄷ, ㅌ, ㅈ, ㅉ, ㅊ, ㅅ, ㅆ, ㄱ, ㄲ, ㅋ, ㅎ, ㅁ, ㄴ, ㅇ, ㄹ 등이 올 수 있고 한 개의 자음만이 초성위치에 나타날 수 있다.

중성은 단모음과 중모음이 온다.

종성은 ㅂ, ㄷ, ㄱ, ㅁ, ㄴ, ㄹ, ㄴ, ㅁ의 7개의 자음만이 나타날 수 있는 제한이 있다. 흔히 받침이라고 부른다.

① E의 [p]와 [b]는 k의 ㅂ과 대응한다.
   E : [pæŋ bæŋɡ]   K : 뱅뱅
       [beibi] baby   베이비

② E의 [t], [d], [ð]는 K의 ㄷ과 대응한다.
   E : [bed]   bed   K : 베드
       [mʌðər] mother   마더

③ E의 [k], [g]는 K의 ㄱ과 대응한다.
   E : [bæk]   back   K : 백
       [hǽŋɡə] hanger   행거

④ E의 [h], [f]는 K의 ㅎ과 대응한다.
   E : [haːrd] hard   K : 하드
       [faiv]   five   화이브

⑤ E의 [b], [v]는 K의 ㅂ과 대응한다.
   E : [bǽtəri] battery   K : 배터리
       [velvit] velvet   벨벳

⑥ E의 [s], [θ]는 K의 ㅅ과 대응한다.
   E : [saund] sound   K : 사운드
       [θrilə] thriller   스릴러

(3) 반모음

[j]와 [w] 2개의 반모음은 다음과 같이 모음과 결합한다.

[je], [jɛ], [ja],[jɔ], [jo], [ju], [wi], [we], [wɛ], [wa], [wɔ]

<표 7> 한국어와 영어의 반모음의 대조

E	K
[je] [jelou] yellow	옐로
[jɛ] [jɛŋki]	양키
[ja] [jahu] yahoo	야후
[jɔ] [jɔt] yacht	요트
[jo] [joudl] jodle	요들
[ju] [juːtɵ] youth	유스
[wi] [wiski] wiskey	위스키
[we] [weðɔr] wether	웨더
[wɛ] [wel] well	웰
[wa] [wain] wine	와인
[wɔ] [wəːrld] world	월드

4. 한·일 외래어 음의 대조

4.1 유사점

(1) E의 2개 또는 그 이상의 자음이 K와 J에서 하나의 자음으로 통합된다.

<표 8>

자음	E	K	J
[r]	[rok] rock	록크	ロック
[l]	[lok] lock		
[s]	[bʌs]	버스	バス
[ɵ]	[bæɵ]	배스	

[b]	[best]	베스트	ベスト
[v]	[vest]		
[z]	[mægɔzin]	매거진	マガジン
[ð]	[maðə]	마더	マザ

(2) 음절의 생략현상이 일어난다.

ㅌ의 음절이 K와 J에서 부분적으로 생략현상을 일으킨다. 특히 생략되는 부분은 대체로 영어의 원어의 발음에 있어서 강세가 없는 부분이다. 그것은 강약액센트 체계를 가지는 영어의 어휘가 일본어에 들어올 때 강세가 없는, 특히 어두와 어말 위치의 모음이나 자음들이 생략되기도 하고 때로는 무성화 하거나 연모음 동화를 일으켜 음절이 융합해 버리는 현상이다.

4.2 차이점

(1) 일본어에는 장모음과 단모음의 구별이 있고 그것이 표기에도 반영되나 한국어의 외래어의 표기에서는 장모음을 반영하지 않는다.

〈표 9〉

J	K
アーチ	아치
エネルギ	에너지
イメージ	이미지
シーン	신
ボール	볼

(2) J의 촉음은 K의 ㅅ으로 표기한다.

　　　　J：サッポロ　　　　　　K：삿포로
　　　　　ポケット　　　　　　　 포킷
　　　　　ハリウット　　　　　　 할리웃
　　　　　カット　　　　　　　　 컷

(3) J의 ファ, フィ, フェ, フォ는 K의 ㅍ으로 표기한다.
　　　　J：ソフト　　　　　　　K：소프트
　　　　　ソファ-　　　　　　　 소파
　　　　　フレ-ム　　　　　　　 프레임
　　　　　ファミリ-　　　　　　 패밀리
　　　　　フィ-リング　　　　　 필링
　　　　　フェア　　　　　　　　 페어
　　　　　フォ-ク　　　　　　　 포크

(4) J의 ツ와 チ가 K의 ㅊ으로 통합된다.
　　　　J：ベンツ　　　　　　　K：벤츠
　　　　　パンツ　　　　　　　　 팬츠
　　　　　スポ-ツ　　　　　　　 스포츠
　　　　　チャンネル　　　　　　 채널
　　　　　ベンチ　　　　　　　　 벤치

(5) E의 [ð]음이 K에서는 ㄷ으로 J에서는 ザ행으로 표기된다.
　　　　J：マザ-　　　　　　　K：머더
　　　　　リズム　　　　　　　　 리듬

(6) J의 ズ, ジ가 K의 ㅈ로 통합된다.
　　　　J：サイズ　　　　　　　K：사이즈
　　　　　クイズ　　　　　　　　 퀴즈
　　　　　ジュニア　　　　　　　 쥬니어
　　　　　マネ-ジャ-　　　　　 매니저

Ⅲ.1 일본어와 한국어의 외래어의 대조 161

(7) K의 CVC형 음절이 J에서는 CVCV 형으로 반드시 모음을 동반하여 개음절 구조로 바뀐다.

  K：타임   J：タイム[taimɯ]
    세일   セール[seerɯ]
    트리플   トリプル[toripɯ]

(8) E의 [ŋ]이 어말위치로 나타날 때 K에서는 ㅇ 받침으로 되고 J에서는 撥音을 첨가하고 한 음절이 늘어난다.

  K：킹   J：キング
    쇼핑   ショッピング
    타이밍   タイミング
    클리닝   クリーニング
    워킹   ワーキング
    헤딩   ヘッディング

(9) J에는 외래어음에만 사용되는 음절들이 있다. 그러나 K에서는 이러한 음들이 종래의 한국어 음운체계내의 자음과 모음의 결합에 의해 표기되고 있다. 그것은 외래어의 급증현상에 알맞게 1954년에 国語審議会가 제정하였던「外来語の表記」이후 최근에 새로 추가된 음절들이다. 1990년 새로이 33개 음절의 가타카나 표기를 추인 하였다.

① シェ[sje]: シェーク(shake)　シェア(share)
② ジェ[zje]: ジェット(jet)　ダイジェスト(digest)
③ ティ[ti] : ティー(tea)　パーティ(party)　ティーン(teen)　シティー(city)
④ テュ[tju]: テューブ(tube)
⑤ トゥ[tɯ] : トゥエンティ(twenty)
⑥ ディ[di]: ボディ(body)　レディー(lady)　コンディション(condition)　ミディアム(medium)

⑦ デュ[dju]: デュエット(duet)
⑧ シャ[sja]: キャッシャ-(casher)　シャネル(chanel)
⑨ シュ[sju]: ラッシュ(lash)　マシュマロ(mashmellow)
　　　　　　シューズ(shoes)　エアシュート(airchute)
⑩ ショ[sjo]: ショ-ト(short)　ショップ(shop)
　　　　　　ショット(shot)　プロダクション(production)
⑪ チェ[ce]：チェック(check)　チェリ(cherry)
　　　　　　チェ-ン(chain)　チェンジ(change)
⑫ チャ[cja]: ベンチャ-(venture)
⑬ チュ[cju]: ナチュラル(natural)　アクチュアリティ(actuality)
⑭ チョ[cjo]: チョコレ-ト(chocolate)
⑮ ジャ[cza]: ジャル(JAL)　ジャスト(just)
⑯ ファ[hwa]: ファミリ(family)　ファッション(fashion)
⑰ フィ[hwi]: オフィス(office)　フィッシャリ-(fishery)　フィ-ド(feed)
⑱ フェ[hwe]: フェ-ス(face)　カフェ(cafe)
⑲ フォ[hwo]: アングロフォン(anglophone)　フォ-ク(fork)　フォ-ス
　　　　　　(fourth)
⑳ フュ[hju]: パフュ-ム(perfume)
㉑ ツア[cwa]: ツア(tour)
㉒ ツオ　㉓ ツイ　㉔ ツィ　㉕ イェ　㉖ ウィ　㉗ ウェ
㉘ ウォ　㉙ クァ　㉚ クィ　㉛ クェ　㉜ クォ

(10) 일본어의 고유어의 어휘는 1음절어, 2음절어, 3음절어가 한어는 2자어가 많아서 3음절어와 4음절어가 가장 많은 비율을 차지한다. 그러나 외래어 어휘들은 5음절이상의 어휘들도 많다. 따라서 일본인들의 어휘구조에 어울리게 3음절 또는 4음절어로 생략하여 언어생활을 하게 되는 음절의 축약현상이 나타난다. 음운현상이외에도 문법현상으로도 축약현상이 일어난다.

① 앞부분 음절의 생략현상
2 음절어 : (ネク)タイ　　(コカ)コーラ
3 음절어 : (ゴール)キーパ　(バーゲン) セール
4 음절어 : (アイス) クリーム
5 음절어 : (ドライ) クリーニング

② 뒷부분 음절의 생략현상
2 음절어 : オペ(レーション)　ラボ(ラトリー)
3 음절어 : アニメ(ーション)　コンペ(ティション)
4 음절어 : インフレ(ーション)　トランス(フォーマー)
5 음절어 : オートバイ(ク)

③ 중간부분 음절의 생략현상
パー(キン)グ → パーク

(11) 일본어외래어에서는 원어의 음절의 어느 부분을 축약해서 받아들이는 이외에 새로운 조어(造語)를 만드는 경우가 있다. 한국어 외래어에는 이러한 현상이 없으나 최근 일본어 외래어를 그대로 차용하는 예가 나타난다. 이러한 현상은 차용어가 동화하는 과정에서 부분적인 직역과 造語의 레벨에까지 영향을 미치게 되는 것이다.

'ジャパリッシュ'라는 외래어는 Japanese와 English의 2語를 부분적으로 생략하여 만든 '일본식 영어'이며 대체로 복합어를 이루는 경우가 많다. 이들 일본식외래어는 원어인 영어와는 표면적으로 유사하지만 의미가 다르고 일본인들 이외의 외국인들에게는 난해한 어휘체계를 이룬다.

2 음절어 : (ウーマン)リブ　　　　コネ(クション)
　　　　　(チューイン)ガム　　　テロ(リズム)
3 음절어 : (アド)バンス
　　　　　テレ(フォン)カ(ード)　パラノ(イア)

              オレ(ンジ)カ(-ド)   ドミノ(ス)
              テ(-プ) レコ(-ダ)   エステ(ティック)
  4 음절어 : マイカ-   イラスト(レ-ション)
              オ-バ-(コ-ト)   イタ(リアン)カジ(ュアル)
              マイコン(ピュ-タ)   レステル(レストホテル)
              エアコン(ディショナ-)   リビング(ル-ム)
  5 음절어 : ハイセンス
              ノ-カット
              グロ(バル) カル
              サブ ノ-ト
              タイム セル
  6 음절어 : ハンド・パワ-   トラック・マン
              バンド・クッチ   トップ・レディ
              バック・ライト   トイレ・タイム
  7 음절어 : パラボラ・エ-ジ
              グレ-ド・アップ
              クイ-ン・サイズ
              オ-ダ-・メ-ド
  8 음절어 : リビング・ストック
              リサイクル・ショップ
              ライフ・マネ-ジャ-
              ト-タル・ポイント
  9 음절어 : フリ-アルバイタ-(フリ-タ-)
              フラワ-・ランゲ-ジ
              ハイビジョン・マガジン
              デザ-ト・バイキング
 10 음절어 : ヘルス・ケア・トレ-ナ-
              レインボ-ブライダル
              ファミコン・トレ-ディング

5. 맺는말

　현대일본어와 한국어의 어휘체계에서 외래어의 어휘의 차지하는 비중은 급격히 증가되어가고 있다. 1960년부터 1980년 사이에 新語사전에 표제어로 나타나는 새로운 어휘 17,699語의 58.2%가 외래어로 나타나고 있는 것이 일본어의 현상이다. 더구나 단순어의 차용에 그치지 않고 혼종어의 생성과 다양한 조어법에 의한 일본식외래어의 등장은 통사와 의미 레벨까지 확대되어 가고 있다. 한·일 양 언어의 외래어의 음운과 표기를 고찰해 보면 유사점보다는 차이점이 더 많다는 것이 밝혀진다. 음운체계의 차이와 음절구조의 차이 등에서 한·일 양 언어의 발음은 상당한 차이점이 있다. 현대일본어 외래어의 80% 정도가 영어를 어원으로 하고 있음에도 불구하고 영어와는 큰 차이를 나타내고 있어서 일본어 외래어의 음운과 표기는 외국인 학습자들에게만이 아니고 모국어 화자인 일본인 자신들에게도 이해하기 어려운 용례들이 많고 두 가지 또는 그 이상의 발음과 표기가 공존하는 경우도 있다 헤세(平成)2년에 종래의 표기법의 기준을 개정하여 외래어음절을 표기하기 위한 새로운 표기기준을 마련한 것은 가능한 한 언어생활을 원어의 음가에 가깝게 현실화 하고자 하는 일본의 국어심의회의 의도라고 생각되어진다.
　한편, 음운체계의 차이에도 불구하고 현대한국어에는 일본식외래어가 점점 많이 차용되어져 가는 현상에 주목해야 할 것이다.

Ⅲ.2 한·일 신문에 나타나는 외래어의 대조분석*

1. 들어가기

현대인의 언어생활에서 어휘가 차지하는 비율은 음성이나 문법체계, 그리고 의미의 분야와 마찬가지로 매우 중요한 부분이라고 말할 수 있다. 한 사회의 구성원으로 생활하는 개인은 의사소통의 수단으로서 모국어의 음운(音韻), 문법(文法), 어휘(語彙), 문자(文字) 그리고 의미체계(意味體系)들에 대한 충분한 훈련을 해야 하며, 그러한 기본적인 자기표현의 단계를 넘어서면, 보다 더 효과적으로 언어생활을 감당해 나가고자 하는 욕구를 느끼게 된다. 차용어(借用語)는 한 언어가 다른 언어와 접하게 될 때, 그 문화와 함께 끊임없이 그리고 서서히 일상생활 용어로서 다른 언어에 영향을 미치게 된다. 오랜 기간 동안의 동·서양의 학자들의 연구업적을 통하여 한·일 양 언어는 상대일본어(上代日本語)와 고대국어(古代韓國語) 시기로부터 시작하여 서로 서로 차용어의 형태로 상대방의 언어에 영향을 미쳐왔다는 사실이 밝혀졌다. 그 후 1945년부터 1960년까지의 기간 동안의 공식적인 한·일 언어와 문화교섭이 제지당해왔던 시기를 거쳐서 현재에 이르기까지의 한국의 중등교육과 고등교육기관, 더 나아가서는 사회교육 분야에서의 일본어교육이 개방됨으로 해서 양 언어 간의 차용현상은 현저히 증가되어 가고 있다.

---

* 『日本学論叢』김봉택교수 정년퇴임 기념논문집. 김봉택교수 정년퇴임기념 간행위원회, 1999.

본 연구는 한·일 양 언어의 외래어의 어형(語形)을 실제 언어사용의 측면에서 대조하고자 한다. 외래어의 음운, 표기, 수용의식, 외래어 어휘 교육 등의 종래의 연구 성과를 바탕으로 의미(意味)와 음상(音相)이 유사한 대응 어휘의 쌍들을 분석해 보았다. 신문에서 사용하는 어휘들은 구어체 문장인(話しことば)인 방송용어나 대사, 광고 등의 단계 보다는 더 정착된 언어자료라고 말 할 수 있다. 즉 새로운 문물이나 개념에 대해서 만들어지는 신어(新語)는 일정기간동안 그 사회의 비판을 받아 문장으로 등록되어진다. 그러한 새로운 어휘들은 때로는 신선한 느낌으로, 때로는 언어 구성원들이 모국어와의 차이를 인식하지 못할 만큼 친숙한 형태로 기존의 어휘체계 안에 스며들어온다. 신문용어들은 교과서에 실려 있는 어휘들보다는 덜 보수적이며, 그 언어의 사용자들의 감각에 가장 밀접하게 접근해 가는 것이라고 말 할 수 있다.

본 연구의 대조 분석을 위한 언어자료는 사전류, 참고서에 나타난 어휘들과 한·일 양 국의 최근 (1990年 5月~6月初)의 일간 신문에 실려 있는 어휘 등을 들어 분석했다. 그리고 한국어 외래어의 사용 실태와 신조어에 대한 것은 (한국)국립국어연구원의 조사 자료들을 참고로 하였다.

2. 한·일의 외래어의 특징

외래어는 「loan word, borrowed word, foreign borrowed word」또는 차용어라고도 말한다.

츠키지마(築島裕 1984)에서는 "외래어는 타국의 언어체계의 자료(어휘, 어구, 문자 등)을 자국의 언어체계에 받아드려, 그 사용이 사회적으로 인정을 받은 것이라고 본다. 이때 승인의 정도에는 여러 단계의 차이가 있을 수 있다." 라고 정의한 바 있다.[1]

타국의 언어를 받아들이는 쪽에서는 언어체계가 서로 다른 언어로부터 차용의 형태로 들어오는 어휘들을 자국어의 언어체계로 변형시키는 과정을 거쳐 수용하는 것이다.

「외래어」는 몇 가지 조건에서 「외국어」와 구별된다. 그 조건이란 우선 일반 언어대중이 오랫동안 보편적으로 널리 사용하는 어휘로서 그 단어에 해당하는 자국어의 어휘가 없는 것이며, 외국에서 들어오는 것으로, 그들의 모국어 체계에 융화된 어휘들을 가리킨다.

외래어의 도입은 두 가지의 기능을 갖는다. 즉 부정적인 측면의 역기능과 긍정적인 측면의 순기능을 들 수 있다. 전자는 국어순화의 입장에서 자국어의 언어에 장해를 주며 국민의 애국심을 저해할 수 있다는 관점이다. 그리고 급격한 언어의 변화를 염려하고 외래어의 영향으로 어휘체계에 변화가 일어나는 것을 염려하는 입장이다. 한편, 후자는 외래어의 도입은 어휘를 더 풍부하게 해 주며 언어생활을 윤택하고 신선하게 해 줄 수 있다는 입장이다.

2.1. 한국어의 외래어

한국어에 외래어가 차용되기 시작한 것은 고대국어로 거슬러 올라간다. 한국어의 외래어는 그 유입된 시기와 종류에 따라 3종류로 나누어진다.

첫째는 한자어이다.

한자어는 한국어 어휘체계의 근간을 이루며 전체어휘의 절반 이상을 차지하고 있다. 조선시대의 중종(中宗 1488-1544) 임금은 한자어에 대한 특별한 표기법을 마련하였다.

---

1) 築島裕、1984、『国語学』、東京大学出版会, p.189

둘째는 일본어로서, 조선 시대의 선조(宣祖 1552-1688)는 당시 일본어 사용 금지령을 내리기도 하였다.

셋째는 갑오경장(甲午更張)으로 조선이 개국하게 되자 서구로부터의 외래어가 대량으로 들어오게 되었다.

시대별로 대표적인 몇몇 사전을 통해 외래어의 증가현상을 살펴보면 다음과 같다.

<표 1> 한국어외래어의 증가현상

년도	사전	어휘수	외래어수	백분률
1938	우리말 사전	81,478	1,677	2.1%
1947	대사전	164,125	3,986	2.43%
1961	국어대사전	225,203	15,944	7.08%
1968	신국어사전	100,000	3,209	3.2%
1994	신동아국어사전	160,000	6,957	4.4%
1999	표준국어대사전[1]	440.262	23,196	5,26%

<표1>에서 알 수 있는 바와 같이 한국어의 외래어는 우리말사전 이래 60년간의 한국어외래어의증가현상을 잘 나타내 주고 있다. 외래어가 차지하는 비율은 어휘 전체의 2.1%~7.08%를 차지한다.

한국어 외래어에 관한 연구자들의 연구업적은 크게 다음과 같이 나누어 볼 수 있다.

(1) 외래어 표기에 관한 연구

강윤호(1971)는 외래어 표기의 실태에 관한 연구에서 개화기의 교과용 도서의 표기를 분석하였다. 김민수(1973)는 넓은 의미의 외래어로는 외국어, 차용어, 귀화어를 포함하나 좁은 의미로는 차용어만을 가리키는 것으

---

2) 표준국어대사전은 국립국어연구원에 의해 편찬된 것이다.

로 정의하였다. 그는 삼국유사와 균여전의 외래어 표기에서부터 r화기 이후, 그리고 1958의 로마자 한글화 표기법 의 기본 원칙에 이르는 표기의 변천과정을 정리하였다. 김세중(1990, 1996)에서는 외래어 표기법에 대한 태도에 대하여 논의 하고 그 문제점을 지적하였다. 그는 서양으로부터 들어 온 외래어의 표기를 19세기 후반부터 1940년 이전과 이후로 나누어 그 변천과정을 밝힌 바 있다. 임홍빈(1996)은 한자어와 외래어가 국어의 문맥에서 의미 단위로 기능하는데 있어서의 차이점을 논의하였다. 임동훈(1996)에서는 외국의 인명이나 지명의 표기에 관하여 고찰하였다.

최초의 외래어에 관한 규정은 1933年 조선어학회에서 시작되었다. 당시에는 외래어의 표기는 새로운 문자나 부호를 전혀 쓰지 않고 한글자모만 가지고 표기하는 원음주의를 따르기로 하였다. 외래어에 관한 규정은 다음과 같이 변천하였다.

  1940년 외래어 표기법 공포
  1941년 외래어 표기법 발간
  1948년 외래어 표기법 제정
  1958년 로마자의 한글화 표기법 제정 공포
  1959-72년 편수자료 제1-6집 발간
  1979년 외래어 표기법 마련
  1986년 외래어표기법을 문교부 고시로 시행
  1988년 외래어표기법 문교부 고시
  1991년 동구권언어(5개국) 표기법 시안 마련
  1992년 동구권언어에 대한 표기법 고시

1998년 현재는 1958년에 제정된 「로마字의 한글화 표기법」을 근간으로 하여 표기상의 문제점을 보완하여 문화부(현재의 교육부) 고시 제1992-31호로 시행하게 된 「외래어 표기법」에 따르고 있다. 그 내용은 다음과 같다.

첫머리에 외래어 표기법 발전 경위
      제1장 : 기본원칙 제시
        제1항 외래어는 국어의 현행 24자모 만으로 적는다.
        제2항 외래어는 1음운은 원칙적으로 1기호로 적는다.
        제3항 받침에는 'ㄱ, ㄴ, ㄹ, ㅁ, ㅅ, ㅇ'만을 쓴다.
        제4항 파열음 표기에는 된소리를 쓰지 않는 것을 원칙으로 한다.
        제5항 이미 굳어진 외래어는 관용을 존중하되, 그 범위와 용례 따로 정한다.
      제2장 : 표기의 열람표를 10개의 표로 제시한다.
      제3장 : 표기세칙 제시
      제4장 : 인명, 지명의 표기원칙

한국의 「외래어 표기법」 제3장 제6절에는 일본어의 표기의 원칙이 제시되어 있다. 즉 촉음(促音)은 'ㅅ'으로 통일해서 적는다. 그리고 장모음은 따로 표기하지 않는 것으로 되어있다.

그리고 제2장의 <표4>는 일본어의 가나(仮名)와 한글 대조표로서 가나와 한글의 어두와 어중. 어말위치에 따르는 표기에 대하여 잘 나타내주고 있다. 그리고 현재 국립국어연구원에서는 한국어 외래어에 관한 유익한 자료들을 정리하여 자료화하고 있다.[3]

(2) 국어순화의 입장에서의 연구

한국어외래어에 관한 연구의 주류를 이루는 두 번째 경향은 국어학자들과 국어교육전공자들의 '국어순화(国語醇化)'의 입장을 들 수 있다. 이기문(1976), 김민수(1988), 박갑천(1988) 등에서는 외래어 사용의 문제점을 지적하고 가능한 한 외래어의 사용을 억제하여야 할 것을 주장하고

---
3) 1985에는 국어연구소였고, 1998년 현재는 국립국어연구원으로 그 명칭이 달라졌다.

있다. 『새국어생활』(1998)에서는 외래어 사용 실태와 순화방안이라는 특집호를 내어 국어순화의 입장에서 외래어 사용의 문제점을 제기한 바 있다.4) 그밖에 한국방송공사(KBS) 아나운서실의 한국어연구회의 『외래어 순화 용어집』(1994) 등의 자료를 들 수 있다. 한국어외래어에 관한 연구를 국어순화의 차원에서 학문적 연구로 발전시킨 연구로는 민현식(1999)을 들 수 있다. 그는 외래어 연구의 문제점으로 ① 현재까지의 한국의 외래어 사전에 외래어에 대한 역사적 정보가 미흡한 점 ② 외래어의 연구가 어휘 차원에 머무르고 통사적 차원의 연구에서 미흡한 점 ③ 음역 외래어 연구에서 번역 외래어의 연구로 그 연구 범위를 넓혀야 할 것이라고 주장하였다.

(3) 언어수용에 관한 연구

세 번 째 연구 경향으로는 언어수용에 관한 언어사회학적 조사 방법을 들 수 있다. 많은 한국인들이 외국어와 외래어의 수용에 있어서 비판적이라고 할 수 있다. 공적인 강연이나 토론에서 서양식 외래어나 일본어로부터의 차용어라고 생각되는 외래어를 사용하거나 문장에서 고유어나 한자어로 번역할 수 있는 어휘를 외래어로 사용하는데 대한 일반인들의 수용태도는 그 연령이나 사회계층 등에 따라 차이를 보이기는 하나 대체로 부정적인 편이다. 그럼에도 불구하고 외래어의 사용은「범람(氾濫)」이라고도 표현할 수 있을 정도로 대중매체인 신문과 잡지 등 매스컴 분야를 중심으로 급속도로 확대되어가고 있다. 특히 최근의 경제개혁과 정보산업 등의 발달과 더불어 외국어는 미처 고유어의 표현으로 바꾸어 보려는 단계를 거치지도 못한 채, 무분별하게 차용되어 외래어로 도입되어지고 있는 현상이다.

외래어의 受容에 대해서는 강신항(1983a, 1985)에서는 외래어의 유입

---

4) 『새국어생활』,1998 제8권 2호

과 수용 방식, 그리고 외래어와 고유어의 조화에 대하여 논의하였다. 즉 신어의 형성에 있어서 고유어를 바탕으로 하여 외래어의 수를 억제할 수 있을 것이라고 지적하였다.

2.2. 일본어의 외래어

일본어의 외래어는 그 유입된 시기에 따라서 나누어 볼 수 있다.
고대일본어에는 한국어, 아이누어, 그리고 중국으로부터 한자가 들어갔다.
중세에는 포르투갈어, 스페인어, 네델란드어 등의 유럽의 언더들이 들어갔다. 그리고 근세에는 영어, 프랑스어, 독일어, 이태리어, 러시아어 등의 인구어가 소개되었다. 일본어의 고유어는 야마토고토바(大和言語) 또는 와고(和語)라고 하며 한어(漢語)가 도래하기 이전부터 이미 일본열도에 존재하고 있었다.
일본어 외래어의 증가 추이는 몇 가지 대표적인 방대한 조사의 결과를 보면[5] 1956년부터 1980년의 기간에 6.1%~12%로 나타났다.
외래어가 일본어 어휘체계에 들어오면 다음과 같은 현상이 일어난다.

① 일본어의 체계로 바뀌거나,
② 어느 부분이 생략되거나,
③ 새로운 일본식외국어로 재구성되거나
④ 부분적으로 고유어나 한어와 결합하여 혼종어가 만들어진다.

---

5) 일본의 국립국어연구원의 조사로 1956년의 잡지 90종의 분석에서 외래어의 사용 비율은 9.8%로 나타났다. 마찬가지로 1966년의 주요 일간신문 일 년분의 조사 분석에서는 12%로, 1974년의 일본의 고등학교 교과서(사회과와 자연과목)의 어휘 분석에서는 6.1%로, 1980년의 지식층 화자들의 언어생활의 녹음 분석 자료에서는 10.1%로 나타난 바 있다.

외래어는 고유어에 비해 정보양이 많다는 이유로 현대어에서는 새로운 문물 대해 새롭게 이름을 줄 때에는 한자와 결합하여 증가하고 있는 현상이다. 고유어는 동음어가 많이 발생하므로 이를 피하기 위해 한자어로 대신하기도 하나 전반적으로는 어형이 길어지는 다음절화(多音節化) 현상이 일어난다. 1991년 일본의 국어심의회가 건의한 새로운 「외래어의 표기」에는 종래의 음절수 이 외에 외래어음을 표기하기 위한 새로운 음절들이 추가되었고 그 결과 외래어의 사용에 있어서 보다 더 원음을 충실히 나타낼 수 있게 되었다.

3. 용례분석

3.1 일상어

한국의 국립국어연구원은 1980년 한자・외래어 사용 실태조사를 하여 1985年에 자료집을 발행한 바 있으며, 그 후 10년 간격으로 다시 1990년도의 자료집을 1991년에 발행하였다.

조사내용은 당시 주요 일간신문 6종[6]과 잡지 9종 이었다.[7] 이들 자료에서 사용에서 사용되어지고 있는 외래어를 뽑아서 그것들을 한글 자모(字母)순 외래어, 로마자표기 외래어, 그리고 사용빈도순 외래어로 정리 발표하였다.

본 연구에서는 위의 국립국어연구원의 조사 자료에서 한국어에서 사용

---

[6] 일간신문으로 동아일보(1990.3), 서울신문(1990.5), 일간스포츠(1990.10), 조선일보(1990.7), 중앙일보(1990.7), 한국일보(1990.12)였다.
[7] 잡지로는 『리더스 다이제스트 1990.2』『문학사상 1990.10』, 『불교세계 1990.5』, 『신동아 1990.3』, 『신앙세계 1990.3』, 『월드투어 1990.11』, 『음악동아』, 『주부생활』, 『Computer 시니어』였다.

되어지고 있는 외래어 중 신문용어로 쓰이고 있는 단순어를 그 사용빈도순위에 따라 200語를 뽑고 이에 대응하는 일본어 외래어를 비교해 보았다. 조사 결과 200어가 모두 일본어에서도 외래어 어휘로 나타나고 있었다.

이를 어형상의 "완전일치"로 분류하였다. 이번의 분석에 있어서는 어형의 대조에 기준을 두기로 하였다. 즉, 한국어와 일본어외래어의 표기상의 차이점과 음운의 차이에서 오는 표기의 차이보다 의미와 음상(音相)이 유사한 것을 어형(語形)의 일치로 규정하였다. 어형은 같으나 그 나타내는 의미가 다르거나 지시하는 내용이 다른 경우에도 이를 「일치」의 항목에 포함시켰다. <표 3>에서 K와 J의 용례의 분석은 다음과 같이 표시하였다.

① ○ : 상호 일치하는 경우
② × : 일치하지 않는 경우
③ △ : 일치하거나 그 어원을 서로 달리하는 경우
④ ◎ : 일본식 외래어 또는 화제영어
⑤ □ : K의 용례가 한국식영어로 축약 또는 변용된 용례

순위는 한국어외래어(1990년대)의 사용빈도가 가장 높게 나타나는 용례를 빈도순위 1번으로 하고 빈도순위 200위까지의 용례를 선택하고 이들이 일본어외래어에서 어떤 어형을 하고 있는지 대조 분석한 것이다. 제1위에 해당하는 「チ-ム」는 일간지와 잡지에서 2,161회 출현하여 빈도순위가 제일순위이며 빈도순위가 제196위의 「エ-ス」는 46회의 출현을 보여주고 있다.

다음의 <표 3>에서 알 수 있듯이 한국어 외래어 사용실태 조사(1990年代)의 5,920 용례 중 순위 레벨 1위에서 200위까지의 어휘들은 대부분

Ⅲ.2 한·일의 신문에 나타나는 외래어의 대조분석 177

일상생활어로서 문화나 사회생활과 관련된 어휘항목들이다. 그리고 이들은 신문용어로 정착되어 일반대중에게 외래어로서 인식되어지고 있다. 그 중에는 외래어가 아니면 표현하기 어려운 것들도 있고, 고유어나 한자어로 번역되어 번역어로서 정착되지 않고 그대로 외래어로 통용하게 된 것도 있다.

〈표 3〉한·일 외래어의 어형의 대응(K는 한국어, J는 일본어를 가리킨다)

빈도순위	K의 용례	J의 용례	대응여부
1	팀	チーム	○
2	달러	ドル	○
3	아파트	アパート	○
4	컴퓨터 (computer)	パソコン	×◎
5	호텔	ホテル	○
6	프로그램	プログラム	○
7	그룹	グループ	○
8	프로	プロ	○
9	메달	メダル	○
10	올림픽	オリムピック○	○
11	골	ゴール○	○
12	시리즈	シリーズ	○
13	서비스	サビース	○
14	버스	バス	○
15	골프	ゴルフ	○
16	시즌	シーズン	○
17	홈런	ホームラン	○
18	스포츠	スポーツ	○
19	카드	カード	○
20	게임	ゲーム	○
21	세미나(seminar)	ゼミ	×◎
22	택시	タクシー	○
23	센터	センター	○
24	글래머	ダラマ	○
25	유엔(UN)	ユーエヌ	○
26	가스	ガス	○
27	코치	コーチ	○
28	시스템	システム	○
29	모델	モデル	○
30	포인트	ポイント	○

빈도순위	K의 용례	J의 용례	대응여부
31	파일	ファイル	○
32	테니스	テニス	○
33	리그	リーグ	○
34	에너지(energy: E)	エネルギー(G)△	△
35	셋트	セット	○
36	피아노	ピアノ	○
37	스타	スター	○
38	마라톤	マラソン	○
39	소프트웨어	ソフトウェアー	○
40	비디오	ビデオ	○
41	오페라	オペラ	○
42	챔피언	チャンピオン	○
43	시멘트	セメント	○
44	팬	ファン	○
45	패션	ファッション	○
46	뉴스	ニュース	○
47	페레스트로이카	ペレストロイカ	○
48	마르크	マルク	○
49	스키	スキー	○
50	재즈	ジャズ	○
51	マーク	マーク	○
52	페놀	ベノール	○
53	멤버	メンバー	○
54	피아니스트	ピアニスト	○
55	탤런트	タレント	◎
56	슛	シュート	○
57	디자인	デザイン	○
58	오케스트라	オーケストラ	○
59	클럽	クラブ	○
60	바이올린	バイオリン	○
61	코스	コース	○
62	라디오	ラジオ	○
63	브랜드	ブランド	○
64	복싱	ボックシング	○
65	키	キー	○
66	캠페인	ケキャンペン	○
67	스피커	スピーカー	○
68	사이클	サイクル	○
69	스타일	スタイ	○
70	레슬링	レスリング	○
71	인플레	インフレ	◎

III.2 한・일의 신문에 나타나는 외래어의 대조분석 179

빈도순위	K의 용례	J의 용례	대응여부
72	톤	トン	○
73	데이터	データ	○
74	이미지	イメージ	○
75	쿠데타	クーデタ	○
76	인터뷰	インタービュー	○
77	오디오	オデオ	◎
78	하키(ice hockey)	アイス ホッケー	×
79	타이틀	タイトル	○
80	요트	ヨット	○
81	바이러스(virus)	ウィルス	×
82	프루트	フルート	○
83	베레	ベレー	○
84	콘크리트	コンクリート	○
85	드라이브	ドライブ	○
86	라운드	ラウンド	○
87	레코드	レコード	○
88	터미널	ターミナル	○
89	배드민턴	バドミントン	○
90	메달리스트	メダルリスト	○
91	프린터	プリンター	○
92	빌딩(building)	ビル×	× ◎
93	쇼	ショー	○
94	데뷰	デビュー	○
95	레이스	レース	○
96	크리스마스	クリスマス	○
97	홀	ホール	○
98	카메라	カメラ	○
99	메뉴	メニュー	○
100	볼	ボール	○
101	클라리넷	クラリネット	○
102	랭킹	ランキン	○
103	로봇	ロボット	○
104	트럭	トラック	○
105	캠프	キャンプ	○
106	그래픽	グラフィック	○
107	카페(caf'e)	キッサテン	×
108	커피	コーヒー	○
109	코너	コーナー	○
110	미사일	ミサイル	○
111	앨범	アルバム	○
112	레이스	レース○	○

180 제Ⅲ장 일본어외래어와 한국어외래어

빈도순위	K의 용례	J의 용례	대응여부
113	컵カップ	カップ○	○
114	도스	ドス○	○
115	스카우트	スカウト○	○
116	심포지엄(symposium)	シムポ△	×◎
117	디렉터리	ディレクトリー	○
118	디자이너	デザイナー	○
119	엑스포(expo)	エッスポー	○
120	카누	カヌー	○
121	모니터	モニター	○
122	스카우트	スカウト	○
123	스피드	スピード	○
124	채널	チャンネル	○
125	기타	ギター	○
126	콩쿠르	コンクル	○
127	티켓	チケット	○
128	이데올로기	イデオロギー	○
129	콘서트	コンサート	○
130	탱크	タンク	○
131	보일러	ボイラー	○
132	앰프(amplifier)	アンプ	○◎
133	캔버스	キャンパス	○
134	테러(terrorism)□	テロ	◎
135	플레이	プレー	○
136	홈	ホーム	○
137	필름	フィルム	○
138	메시지	メッセージ	○
139	아마(amateur)□	アマ	□◎
140	메이커	メーカ	○
141	바이올리니스트	バイオリオニスト	○
142	컨디션	コンディション	○
143	테이프	テープ	○
144	덤핑	ダンピング	○
145	미스□	ミス	○
146	비자	ビザ	○
147	디스크	ディスク	○
148	로비	ロビー	○
149	스트레스	ズトレス	○
150	아이디어	アイディア	○
151	위스키	ウィスキー	○
152	레퍼토리	レパートリー	○
153	볼링	ボーリング	○

III.2 한・일의 신문에 나타나는 외래어의 대조분석 181

빈도순위	K의 용례	J의 용례	대응여부
154	알코올(alcohol)	アルコル	○
155	엔진	エンジン	○
156	오픈	オープン	○
157	첼로	チェロ	○
158	트럼펫	トランペット	○
159	프로(professional)□	プロ	□◎
160	코드	コード	○
161	다큐	ドキュメンタリー	△
162	갤러리	ギャラリー	○
163	호스티스	ホステス	○
164	레저	レザー	○
165	텔레비전(television)	テレビ	×◎
166	펜싱	フェンシン	
167	펀드	ボンド	○
168	댐	ダム	○
169	보너스□	ボーナス	□○
170	초콜릿	チョコレート	○
171	코카인	コカイン	○
172	리듬	リズム	○
173	골퍼	ゴルファ	○
174	디스켓□	フロッピーディスク	×
175	클래식	クラシック	○
176	코트	コート	○
177	텐트	テント	○
178	프로그래밍	プログラミング	○
179	쿼터	クォーター	○
180	터널	トンネル	○
181	파티	パーティー	○
182	히트	ヒット	○
183	드래프트	ドラフト	○
184	로봇	ロボット	○
185	리셉션	リセップション	○
186	쇼핑	ショピング	○
187	코미디	コメディ	○
188	싸인	サイン	○
189	슈팅(shooting)	シュート	×
190	체스	チェス	○
191	컨테이너	コンテナー	○
192	타이어	タイヤ	○
193	패스	パス	○
194	페인트(paint)	ペンキ	△◎

빈도순위	K의 용례	J의 용례	대응여부
195	헬기(helicopter)	ヘリコップター	□○
196	벨트	ベルト	○
197	패션쇼	ファッションショー	○
198	리드	リード	○
199	에이스	エース	○
200	팬시	ファッシ	◎

위의 조사대상어 200어 중에서 189어(94.5%)가 K와 J에서 서로 유사함을 보이고 있다.

그 중 computer(4), seminar(21), building(92), symposium(116) 4어의 경우, J에서는 뒷부분이 생략되어 단축형이 되었다. 그러나 K에서는 생략되지 않았다. energy(34), alcohol(155)의 경우는 어원의 차이로 K에서는 영어, J에서는 독일어음으로 차용되었다. 또 1語는 K에서는 단축형으로, J에서는 단축이 일어나지 않은 경우이다. <표 3>의 대응의 일치를 보이는 용례 중

テロ(136)、アマ(141)、ミス(146)、プロ(162)、ボーナス(172)의 경우는 화제영어로서 원어의 음절이 단축된 용례이며 이들은 한 일 양 언어에서 일치를 보여주고 있다.

3.2. 전문용어

한국어에서 전체 어휘에서 외래어가 차지하는 비율은 4.4%로 나타난다. 그리고 (한국의) 국립국어연구원 조사(1990년대)의 외래어 어휘 중 일간신문에 나타나는 외래어 5,110어를 그 어원에 따라 분류하면 아래와 같다.

<표 4> 한국어외래어의 어원별 분포

언어별	외래어 수	백분율(%)
영어	4,974	97.3
프랑스어	55	1.07
독일어	30	0.53
이태리어	24	0.46
일본어	13	0.25
기타	14	0.27
합계	5,110어	100%

<표 4>에서 기타 언어로 분류된 14어의 어원은 아래와 같다.

<표 5> 기타언어의 분포

러시아어	5어	슬라브어	1어
스페인어	4어	라틴어	1어
네델린드어	2어	포르투갈어	1어

위에서 살펴 본 바와 같이 현대한국어의 외래어오휘는 그 절대다수인 인 97.3%가 영어로부터 차용된 것으로 나타났다. 그러나 필자의 견해로 는 국립국어연구원이 실시한 조사에서 어원이 분명하지 않는 것은 표시 하지 않았다는 '머리말'에서의 언급부분을 고려해볼 때 일본어로부터 차 용된 상당수의 용례가 포함되어 있다고 본다.

<표 6> 전문분야 별 외래어 사용비교

A그룹		B그룹	
역사	17%	주택	67%
철학	23%	오디오	74%
생물학	30%	스포츠	76%
화학	39%	식생활	84%
공학	40%	미용	86%
경영	45%	패션	97%

위의 <표 6>의 A그룹은 외래어의 사용도가 비교적 낮은 분야이다. 그리고 B그룹은 그 비율이 높은 분야라고 말할 수 있다. 필자는 1990년 대의 스포츠용어, 경제 관련용어, 정보·통신 분야의 용어들을 신문에서 추출한 용례를 국립국어연구원 조사 자료에서 뽑아 일본어의 경우와 비교해 보았다.

3.2.1 스포츠용어

스포츠 분야의 용어들은 직역하여 한자어로 쓰이다가 외래어로 바뀐 구기 종목의 명칭도 있고나 현대국어에서 한·일 양 언어에서 가장 많은 외래어어휘들이 범람하고 있는 실태이다. 한국어에서는 국어교육에서 한국어순화운동이 강조되고 있다. 국어순화에 대한 논문들과 신문의 투고란에는 외래어의 사용을 삼가고 고유어를 사용해야 한다는 글이 자주 눈에 띈다. 그러나 일간신문에 나타난 스포츠용어의 사용실태는 다른 분야에 비해 압도적으로 높은 비율을 나타내고 있다.

<표 7>은 한국의 일간신문에서 사용하는 스포츠용어를 국립국어연구원(1993)의 『기본외래어 자료집』의 어휘목록에서 그 사용 빈도에 따른 평균점이 높은 순위에 따라 정리하고, 이를 다시 일본어외래어와 대응관계를 분석해 본 것이다. 여기서 말하는 평균점이란 국립국어연구원이 한국어의 기본외래어를 설정하기 위하여 1993년을 기준으로 한국어에서 사용되고 있는 약 3,000개의 외래어어휘를 뽑아서 사전류(3종), 교과서(초, 중, 고), 실태조사보고서, 그리고 국어순화 자료집에 출현하는 어휘목록들을 체크하여 높은 빈도를 나타내는 어휘들을 6점으로 잡고 출현 빈도가 낮은 어휘들을 1점으로 잡은 것을 가리킨다.

본고에서는 평균점 6점부터 3점까지에 해당하는 스포츠 용어들을 뽑아서 한·일 양 언어에서의 사용실태를 비교해 보았다.

III.2 한・일의 신문에 나타나는 외래어의 대조분석

<표 7> K와 J의 스포츠용어의 일치

점수	K와 J의 일치
6点	オリンピーク、ゲーム、ゴール、サーブ、スキー、テニス、ティーム、マラソン、メダル、レスリング
5点	アウト、グループ、コーチ、ストライク、スコア、スポーツマン、シュート、センター、チャンピオン、ドライブ、ボール、ラケット
4点	カヌー、カーブ、グローブ、クォーター、ゴール、イン、ソフトボール、ダンス、ダイビング、ネット、ホームラン、ホック、ペナルティ・キック、パス、フリキック、マット、ランキング、ランニング、リーグ、レシーバ、レイアウト、ローラスケート
3点	アイス、ホッケ、インターセプト、オフ、キャディ、キャンプ、クロス・カンチュリー、コート、コース(進路)、コーナ、コーナキック、ゴール・エリアー、ゴールキーパー、クレコロマン、キック、ガード、セット、シーズン(기간)、ジャンプ、スター(선수)セッター、タチ、タイミング、タックル、シチャンス、トラック、デュース、ファン、ペース、フィギャスケート、ブロッキング、ホールデイング、ホーム、イン、ホール、ボーリング、バレー、フォーク、ダンス、フォーウード、プレー(경기)、ペナルティ、ペンシング(검도)、ハイライト、ハイキング、ハンド、ボール、ファイテング、ヒット(안타)、ボッサー、ラウンド、ラッビー、ラリー、フットボール、リバウンド

위의 용례들은 한국의 일간지의 스포츠 용어들로, ( ) 표시의 용례들은 한국방송공사(KBS) 아나운서실의 한국어연구회가 국어순화 용어로 권장하는 사항을 가리킨다. 그러나 회화체에서 뿐만 아니라 신문기사에서도 이들 스포츠 관련용어들은 영어에서 차용된 어형을 그대로 사용하고 있다. 그리고 이러한 현상은 한국어와 일본어의 対応의 일치를 나타낸다. 즉 제1그룹에서 제4그룹까지의 비교적 일반적으로 쓰이는 100개의 스포

츠용어에 있어서 고유어나 한어보다는 영어를 어원으로 하는 것으로 나타났다.

이들 스포츠용어는 번역되어서 정착하지 못하고 본래의 어형 그대로 통용하게 된 것이다. 어휘는 의미전달의 지시적 기능 이외에도 정서적 측면이 있어서 외래어의 빈번한 사용에 대해서 비난을 받기도 하고, 의사소통의 곤란이 일어날 경우도 있다고 예측됨에도 불구하고 특별 효과를 보다 강하게 의식하는 용법은 아닐까 라고 생각된다.

3.2.2 경제관계 용어

일본의 아사히신문(朝日新聞)과 한국의 한국일보와 동아일보의 경제면에 나오는 외래어에서 표제어 50어를 들어 그 대응관계를 살펴보았다.[8]

일본어외래어 50어에 완전 일치하는 한국어외래어는 31어(62%)로서 다른 전문분야 보다 영어로부터 차용된 외래어가 다수를 차지하고 있다. 특히 최근에는 새로운 개념과 경제전문용어가 홍수와 같이 밀려들어오고 있는 현상이다. 한자어와 외래어로 동시에 사용되고 있는 용례(△)는 9어(18%)이며 대체로 한자로만 사용되어지고 있는 (×) 용례는 8어(16%)이며 2어(19번과 45번)는 대응하는 어형이 나타나지 않는다. 경제 분야의 전문용어에 있어서 외래어는 한국어에서도 급증하고 있다고 말할 수 있다.

〈표 8〉 경제관련 용어의 한·일 대조

빈도순위	k의 어형	J의 어형	대응여부
1	인프라	インフラ	○
2	내부거래자	イアンサイダー	○
3	인센티브	インセンティブ	○

---

[8] 아사히신문 1998년 5月 31日에서부터 1개월분, 한국일보와 동아일보의 같은 기간의 경제란에서 용례를 추출한 것이다.

Ⅲ.2 한·일의 신문에 나타나는 외래어의 대조분석 187

빈도순위	k의 어형	J의 어형	대응여부
4	인플레	インフレ	○
5	이코노미스트	エコノミスト	○
6	옴부즈맨	オンブズマン	○
7	옵션	オプション	○
8	카르텔	カルテル	○
9	그룹	グループ	○
10	코스트	コスト	○
11	컨설팅	コンサルティング	○
12	컨소시움	コンソシウム	○
13	동의/찬성	コンセンサス	×
14	기금	コンパック	△
15	펀드	ファンド	○
16	시스템	システム	○
17	심벌마크	シンボルマーク	○
18	점유율	シェア	×
19	정기	スーパー	—
20	중소기업	スモール・ビジネス	×
21	경영	マネジメント	△
22	선택형	セレクト型	×
23	타임 스케줄	タイムテーブル	△
24	딜러	ディーラー	○
25	체크	チェック	○
26	달러	ドル	○
27	전체계획	トータルプラン	×
28	톱	トップ	○
29	밸런스	バランス	○
30	사업가/비즈니스 맨	ビジネスマン	△
31	빅뱅	ビッグバン	○
32	파인플레이	ファインプレー	○
33	홈쇼핑	ホームショッピング	○
34	홈뱅킹	ホームバンキング	○
35	브리지 뱅크	ブリッジバンク	○
36	경영/프랜차이즈	フランチャイズ	△
37	프리미엄	プロミアム	○
38	프로토콜/의전	プロトコル	△
39	전략	フルライン	△
40	기반	ベース	×
41	벤처	ベンチャー	○
42	마진	マージン	○

43	마이크로소프트	マイクロソフ	○
44	마이너스	マイナス	○
45	—	圓外貨ミックス型	—
46	메이커	メーカー	○
47	순위/등급	ランク	×
48	비율/율	レート	○
49	보고서/리포트	リポート	△
50	로비스트	ロビスト	○

3.2.3 정보·통신관계 용어

1980년대 초부터 컴퓨터를 비롯한 정보·통신관계의 새로운 기자재의 발명과 도입으로 우리의 언어생활에도 커다란 변화가 일어나고 있다. 영어를 잘 이해하지 못하는 초등학생으로부터 장년층에 이르기까지 새로운 용어를 받아들여야 하는 환경에 처하게 된 것이다.

다음과 같은 용어들이 고유어나 한자어로 번역되지 않고 그대로 영어로부터 차용어의 형태로 들어왔다. 다음의 용어들은 한국어와 일본어에서 그 어형이 일치하는 정보·통신관계의 최근의 신문용어들이다.

〈표 9〉 정보 통신관련 용어의 대응

	K와 J의 대응	K와 J의 대응
어례	주소/어드레스: アドレス 아날로그: アナログ 인터넷: インタネット 엑셀: エックセリ 윈도우: ウインドウ 일렉트로닉스: エレクトロニクス 키 보드: キーボード 컴퓨터그래픽: コンピューターグラフィックス 컴팩트 타입: コンパクト(タイプ)	미디어: メディア 모델: モデル 머뎀: モデム 메일: メール 모니터: モニター 해커: ハッカー 하이테크: ハイテク 패스워드: パスワード 팩스: ファクス 파일: ファイル

어례	씽크탱크: シンクタンク 채널: チャネル 데스크톱: デスクトップ 디지털: デジタル 데이터: データ 데이터베이스: データベース 넷트워크: ネットワーク 머니: マネー 메시지: メッセージ 메모리: メモリ	벤처: ベンチャー 모드: モード 타잎: タイプ 케이블: ケーブル 마이크로필름: マイクロフィルム 벤처: ベンチャー 리모콘: リモコン 루트: ルート

3.3. 신조어

한국어의 어종은 고유어, 한자어, 외래어이며 신조어의 생성에 있어서는 이들 어종이 복합(複合) 또는 파생(派生)의 형식으로 새로운 어휘를 만들어 간다.

어구성(語構成) 형식으로는 다음과 같은 방식이 있다.

① 고유어
② 한자어
③ 외래어
④ 고유어+한자어
⑤ 고유어+외래어
⑥ 한자어+외래어
⑦ 고유어+한자어+외래어의 7가지가 가능하다.

(한국)국립국어연구원의 『신어의 조사연구』(1994)에 수록된 신어는 모두 634어이며 그 중 45어는 의미가 달라서 기존의 어휘와 구별하여 신어

에 포함시켰으나, 사전에 수록된 어휘와 그 형태가 같아서 이들을 제외하고 1,589어에 대한 자료집을 발행한 바 있다. 그 중 외래어 207어(13%)와 외래어가 포함된 복합어가 188어(12%)로 나타났다. 이 조사는 1994년 8월에서부터 10월 사이의 일간지(2종)와 잡지(5종)를 조사한 자료였다. 따라서 한국어의 1994년도 신어의 25%를 외래어가 차지하고 있음을 알 수 있다.

일본어의 산조어(新造語)에 대한 노무라(野村雅昭 1984)의 조사에 의하면 1960年과 1980年 판의 『「現代用語の基礎知識』(自由国民社)에 추가된 표제어 17,679어의 어종별 분포에서 외래어가 차지하는 비율은 58.2%(10,293어)이므로 신어에서 외래어가 차지하는 비율은 일본어에서 한국어보다 훨씬 높은 비율을 나타낸다.

3.4. 새로운 직종의 명칭

한·일 양 언어에서 새로운 직종에 관한 명칭 등이 한자어에서 점차로 외래어 신어로 변화하는 현상이 두드러진다. 뿐만 아니라 종래의 직함에 대한 명칭에도 변화가 보인다. 한국어의 '과장(課長)'이 팀장(team장), '영업부(営業部)'는 '마켓팅 부서'로 바꾸어진 경우가 많다.

〈표 10〉 새로운 직종명칭의 대조

번호	J	K와 J의 대응관계
1	アウトドアライター	×
2	アシスタント	△
3	アートディレクター	△
4	アドバイザー	△
5	証券アナリスト	×

III.2 한・일의 신문에 나타나는 외래어의 대조분석 191

번호	J	K와 J의 대응관계
6	オペレータ	×
7	マシンオペレーター	×
8	ガイド	○
9	カウンセラー	○
10	カメラマン	○
11	キャスター	○
12	キャラクターデザイナー	○
13	人気キャラクター	○
14	グラフィックデザイナー	○
15	コラムニスト	○
16	コンサルタント	○
17	ゴルファ	○
18	ジャーナリスト	○
19	スタッフ	△ (임원)
20	スペシャリスト	× (전문가)
21	スーパーバイザー	–
22	スポークスマン	△ (대변인)
23	タレント	○
24	チーフ ストラテジスト	×
25	デザイナー	○
26	民間ディベロッパー	×
27	テレフォンレディ	×
28	トレーナー	○
29	マネジャー	△ (지배인)
30	保育ママ	× (보모)
31	マーケティングプランナー	×
32	モデル	○
33	パークガイド	–
34	パネリスト	○
35	ホームヘルパー	× (파출부/도우미)
36	ボランティア	
37	フリーライター	× (자유기고가)
38	フリーアナウンサー	△
39	ファイナンシャル プランナー	×
40	プロデューサー	○
41	ルポライター	△

이러한 직종의 명칭들은 종래의 한자어의 직종의 명칭보다 신선한 느낌을 주며 감성적인 효과를 주기도 한다. 일본어의 직종의 명칭이 한국어 보다 더 외래어를 적극적으로 채택하고 있다.

4. 맺는말

한국어와 일본어의 신문 용어를 통해서 분석해 본 결과 유사점과 상이점이 나타나고 있다. 유사점으로는 한 일 양 언어에서 공통적으로 외래어의 양족인 중가현상이 일어나고 있다. 그리고 그 수용의식에도 변화가 일어나고 있다. 전문분야의 용어들은 번역하기 보다는 세계적인 정보의 정확한 이해라는 측면에서 차용된 어형을 그대로 유지하는 경우가 많다. 영어를 어원으로 하는 신어가 점점 더 빠른 속도로 만들어 지고 있다.

차이점으로는 일본어 외래어에서 한국어 보다 더 많은 외래어를 사용하고 있는 점을 들 수 있다. 한국어에서는 한자어로 나타나는 어형이 일본어에서 외래어로 나타나고 있는 용례가 다수 있었다. 일본어외래어에서는 합성이나 파생에 의해 외래어가 만들어지며 조어의 과정에서 여러 가지 품사로 나타난다. 그러나 이점에서는 한국어의 외래어는 대체로 명사가 많다. 한국어에는 외래어 명사+ -되다 /- 하다 /-어지다 와 형용사의 -한/ -하다 가 지배적이며 활용하는 경우는 나타나지 않는다. 한편 일본어의 외래어에서는 동사, 형용사, 부사, 전치사, 명사 등 다양한 어미와 결합하며 새로운 어형을 만들어 내는데 그 결합이 자유롭다. 신문의 용어에서도 이러한 현상이 예외 없이 반영되고 있었다.

신문의 용어는 문장체의 언어자료로서 매스컴의 다른 분야와 비교하면 차용이 정착된 어휘를 사용하고 있다고 말 할 수 있다. 한편 빠른 속도로 국가 간 대륙 간의 정치, 경제, 문화, 사회면의 접촉과 교류가 이루어지고 있어서 신문은 그 속도를 따라가기 어렵고 신어의 창출에 있어서 같은 사실에 대한 표기상 의미상의 공존, 또는 병존현상이 불가피하게 초래된다.

III.3 한・일 교과서의 외래어의 대조*

1. 들어가기

　새로운 문물이나 개념 또는 사상을 나타내는 新造語는 끊임없이 증가해가며 固有語의 어휘체계에 영향을 미치게 된다. 타국의 언어체계의 자료(語句, 文字)를 자국의 체계에 도입하여 그 사용이 사회적으로 인정되면 이를 '借用語' 또는 '外來語'라고 부른다. 외국으로부터 유입되어 들어오는 문물 등을 나타내는데는 자국의 어휘로 번역하여 訳語로 쓰거나, 原語 그대로 받아드려 外來語로 사용하는 두가지 경우를 들 수 있다. 이론적으로는 자국의 언어를 보호하려는 언어정책의 차원에서 많은 번역어를 신조어로 만들어 내는 것이 일반적이라고 할 수 있다. 그러나 현실적으로는 번역어의 보급에도 불구하고 언어 대중은 원어 그대로 차용하여 사용하려는 경향을 보이는 경우가 빈번히 나타나고 있다.
　현대국어와 현대일본어에서 이와 같은 외래어의 차용어의 증가는 공통적인 현상으로 나타나고 있으며 외래어의 범람이라고도 말할 수 있을 정도로 借用語는 급증하는 현상을 보이고 있다. 특히 일본어의 경우는 전후 미국을 중심으로하여 영어로부터 차용되어 들어가는 가타카나 표기의 외래어가 겉잡을 수 없는 세력으로 늘어나고 있어서 이러한 추세가 앞으로 몇 십년 계속 된다면 漢語의 상당 부분을 외래어가 대치해 버리는 현상이 예측된다고 하는 지적도 있다. 그리고 일본어 어휘의 구성요소의 비율이 크게 변화할 것으로 보고 있다.

＊「日本學報」第34輯, 韓國日本學會, 2000

본고는 韓・日 양국의 고등학교 現代文 교과서와 政治・経済교과서의 어휘 중 外来語를 추출하여 각각 그 빈도와 특징을 대조하여 본 것이다. 중등교육에서의 외래어 어휘교육이 어떠한 상황인가에 대한 이해를 위한 시도이다.

실제 언어자료 중 방송용어나 대사, 광고문 등의 구어체 문장들은 새로운 문물이나 개념을 나타내기 위해 만들어져서 일정기간동안 사회에 정착하는 과정을 거쳐서 문장어로 등록되어 신조어로서 신문용어 등으로 쓰이게 된다. 본 연구는 1999년의 신문용어의 한・일 대조분석의 분석에 이어서 교과서의 외래어에 대하여 고찰해 보고자하는 관심에서 출발하였다.

교과서의 용어는 다른 언어자료 보다는 훨씬 더 보수적이며 특히 중고등학교의 교과서의 경우는 우리나라의 교육부가 마련하는 교과과정에 따라 일정 기간동안 개정판이 없이 사용되고 있다. 본 연구를 위해서 자료로 선택한 3과목의 교과서도 1996년 초판이었다.

2. 한국어의 외래어

한국어에 외래어가 차용되기 시작한 것은 고대국어로 거슬러 올라간다. 그 유입시기와 종류에 따라서 ①한자어 ②일본어 ③서구로부터의 외래어의 3종류로 나눌 수 있다. 어휘 전체에 대한 외래어 어휘의 차지하는 비율은 주요 사전들의 어휘조사에서[1] 2.1%~7.08%로 나타나고 있다.

외래어에 관한 규정은 1933년 조선어학회가 제정한 「한글 맞춤법 통

---

1) 한국어외래어의 증가현상을 시대별로 대표적인 몇몇 사전을 통해 살펴보면 조선어대사전(1938) 2.1%, 대사전(1947) 2.43%, 국어대사전(1961) 7.08%, 신국어대사전(1968) 3.2%, 신동아국어사전(1994) 4.4%로 나타난다.

일안」에서 비롯되었다. 당시 외래어의 표기는 새로운 문자나 부호를 쓰지 않고 한글字母만 가지고 표기하는 '原音主義'를 따르기로 하였다. 외래어 표기법은 1940년에 통일안이 공포되어 그 이듬해인 1941년에 외래어 표기법 통일안이 처음 발간되었다. 현재는 1958년에 제정된 「로마자의 한글화 표기법」을 근간으로 하여 표기상의 문제점을 보완하여 문화부 고시 제 1992-31호로 시행하게 된 「외래어 표기법」에 따르고 있다.2)

한국인은 외래어의 사용에 대하여 대체로 부정적인 평가를 하고 있다고 말할 수 있다. 특히 공적인 연설이나 강연 등에서의 외래어 어휘의 사용에 대해서 청중은 마이너스 이미지를 가지는 경우가 많은 것으로 지적한다. 그럼에도 불구하고 실제의 언어생활에서는 외래어 어휘의 사용은 증가 추세를 나타내고 있으며 연령층과 계층과 전문분야에 따라서 그 사용은 큰 차이를 나타내고 있다고 말할 수 있다.

외래어의 사용에 대한 긍정적인 평가로는 새로운 문물과 감각, 개념등을 정확하게 받아드릴 수 있다는 점과 사고의 전달에 있어서도 번역어보다 유리하다는 점을 들고 있다.

그러나 한편으로 국어 순화의 차원에서는 한국어로 번역하여 나타내어야 한다는 주장이 강하게 대두되고 있는 것도 사실이다.

3. 일본어 외래어

일본어의 외래어는 고대에는 한국어, 아이누어, 그리고 중국으로부터 漢字語가 들어갔다. 중에는 폴투갈어, 스페인어, 화란어등의 유럽언어가

---

2) 외래어표기법은 전체가 4장으로 구성되어져 있다. 첫머리에 외래어표기법 발전경위가 나타나 있고, 제1장에서 기본원칙을 제시하고 있고, 제2장에서 표기의 열람표가 10개의 표로 제시되어 있다. 제3장에서는 표기의 세칙, 제4장에서는 인명과 지명의 표기원칙이 설명되어져 있다.

그들의 포교활동과 무역과 더불어 전해졌다. 그리고 근세에는 메이지(明治) 이후 중국문명권, 한자문명권으로부터 유럽문명권, 영어문명권으로의 전환정책을 꾀함으로 한자에 대한 관심은 다소 감소하면서 급속도로 영어, 프랑스어, 독일어, 이태리어, 러시아어 등의 서양어가 소개되었다.

넓은 의미의 외래어를 가리킬 경우에는 한어를 포함시키나 좁은 의미의 외래어를 가리키는 경우에는 서양으로부터의 차용어만을 가리키는 것이 일반적이다. 外来語는 和語나 漢語와 구별하여 '洋語', '가타카나語', '가타카나 外来語', '가타카나 英語'라고도 부른다.

외래어가 일본어의 어휘체계에 들어오게 되면 일본어의 체계로 바뀌거나 어느 부분이 생략되거나, 새로운 일본식 외래어로 재구성되거나, 한어, 고유어, 외래어의 부분적인 결합형식으로 混種語가 만들어지는 등의 다양한 방식을 취하게 된다. 외래어는 고유어에 비해서 정보량이 많다는 이유로 현대일본어에서는 새로운 문물에 대해 命名하게 될 때에는 한자와 결합하여 용이하게 신어로 등장하게 되는 것이다. 고유어의 동음이의어를 피하기 위한 현상으로 외래어와 한어가 결합하는 방식의 신어가 급증하고 있는 것으로 보인다.

외래어는 고유어인 和語나 漢語와는 달리 語를 그 구성요소로 분해할 수 없다는 특징을 갖는다. 즉 한어와 일본어 고유어는 의미의 구성요소를 공유하고 있어서 일본인들은 일정한 의미의 단위를 이해할 수가 있다. 그러나 외래어에 대해서는 의미의 구성요소를 분해하는 일이 거의 불가능하다. 가타카나어는 대부분의 일본인들에게 있어서 다만 音의 연속에 지나지 않으며 의미를 추측하는 일은 거의 불가능하다.

또 다른 특징으로는 외래어의 발음과 표기가 불안정하다는 점을 들 수 있다. 가타카나어는 아무리 原音主義에 따라서 충실히 표기하려고 해도 원래의 발음을 그대로 나타내지는 못한다. 그것은 단일 음소의 레벨에서만이 아니라 악센트에 있어서도 문제가 된다. 그 결과 한 개의 어휘에 대하여 둘, 또는 그 이상의 외래어 어휘의 공존현상이 일어난다. 이러한 공존현상은 외국인의 일본어 외래어 학습에 큰 장애 요인으로 나타나고 있다.

외래어에 관한 선행연구로는 외래어의 역사에 관한 마츠오카(松岡洸司 1983), 표기의 문제를 중심으로 하는 다케베(武部良明 1971), 엔도(遠藤織枝 1989), 사타케(佐竹秀雄 1986), 후지타(富田隆行 1991)과 외래어 전반적인 문제를 고찰한 이시노(石野博史 1983), 야자키(요기 원九郎 1964), 이시와타(石綿敏雄 1985)를 들 수 있다.

4. 교과서의 외래어

한국어 교과서(이하 k로 약하기로 함)는 고등학교 『국어』, 『정치』, 『경제』교육부 발행 1996년 초판 1999년판을 참조하였다.
일본어 교과서(이하 J로 약하기로 함)는 文部省検定済教科書 高等学校国語科用 『現代語』尚学図書 1999와 現代 政治・経済 清水書院 1999년 판을 참조하였다.

4.1 외래어 어휘의 출현 수

K와 J교과서의 과목별 외래어 어휘의 출현을 표제어 기준으로 비교하면 다음과 같다.

<표 1> 한국어와 일본어 교과서의 외래어수

과목	K	J
국어(현대어)	111어	123어
정치	112어	163어
경제	58어	225어

4.1.1 K의 외래어 출현

k의 「국어」, 「정치」, 「경제」 각 과목의 교과서의 외래어 어휘의 출현을 한글 자모순으로 분류해보면 <표 2>과 같다. 그리고 이를 일반외래어와 인명, 지명 등의 고유명사로 나누어 비교해 보면 <표 3>와 같다.

<표 2> 字母별 외래어 출현

字母	ㄱ	ㄴ	ㄷ	ㄹ	ㅁ	ㅂ	ㅅ	ㅇ	ㅈ	ㅊ	ㅋ	ㅌ	ㅍ	ㅎ	합계
국어	5	5	6	12	7	13	14	22	2	1	7	7	10	7	118
정치	6	3	2	12	8	9	12	22	2	·	12	7	10	7	112
경제	2	2	6	4	4	4	8	12	·	1	6	3	6	·	58

4.1.2 일본어 외래어의 行별 출현

J의 외래어 어휘의 출현수를 行別로 그 분포를 정리하면 <표3>와 같다.

<표 3> 行별 외래어 분포

科目＼行	ア	カ	サ	タ	ナ	ハ	マ	ヤ	ラ	ワ	合計
現代語	8	13	14	21	6	37	9	1	12	2	123
政治	35	19	19	14	8	33	10	4	18	3	163
経済	35	31	38	24	12	42	17	2	21	3	225

4.2 일반외래어 출현 수

외래어의 총수를 고유명사와 일반외래어로 나누어 비교하면 <표 4>와 <표 5>와 같다.

4.2.1 K: 고유명사와 일반외래어의 분포

<표 4> 고유명사와 일반외래어의 분포

과목	고유명사	일반외래어	합계
국어	33어(27.97%)	85어(72.03%)	118어
정치	89(79.5%)	23(20.5%)	112
경제	27(46.55%)	31(53.45%)	58

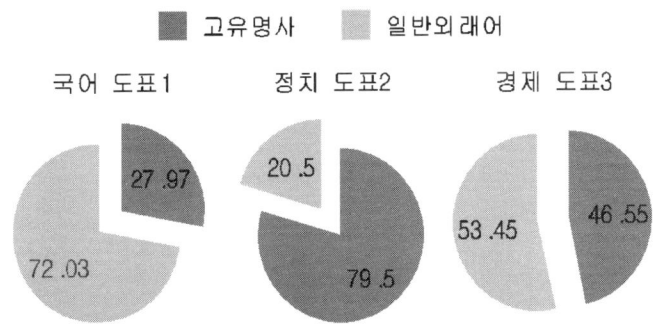

도표의 숫자는 백분율을 나타낸다.
  위의 <표3>와 <표4>, <도표1>, <도표2>, <도표3>에서 나타나는 바와 같이 한국어의 「국어」교과서에서도 외래어의 출현은 118어로 수적으로 극히 적으며 그 중 33어(27.97%)의 고유명사를 제외하면 일반외래어는 85어(72.03%)에 지나지 않음을 알 수 있다.
  고유명사로는 '프랑스, 그리스' 등의 나라명과 '뉴욕, 보스턴, 로스앤젤레스, 파리'와 같은 도시명과 '사르트르, 보들레르' 등의 인명, '에베레스트, 아라비안나이트' 등이 나와있다.

「정치」과목에서는 국명, 도시명 등의 고유명사가 89어(79.5%)로 일반외래어23어(20.5%)의 약 4배에 달하는 출현을 나타낸다.

「경제」과목은 국어와 정치의 118어, 112어에 비해 58어의 외래어 어휘밖에는 소개하지 않고 있어서 현재 신문용어 등의 경제용어에 있어서 외래어어휘의 급증현상과는 상당한 차이를 나타내는 것으로 볼 수 있다. 교과서는 일반 잡지나 취미 교양지 또는 전문지나 신문 보다 훨씬 더 보수적이라고 하는 특징을 감안 할 때 교육부가 중등교육의 교육과정을 통해 현대국어의 어휘교육에서 차용어를 극히 제한하는 방향으로 지향하고 있다고 하는 점을 인정할 수 있겠다. 이러한 현상은 우리나라의 국정 교과서의 집필에 있어서 국어순화의 방침을 고려한 것이라고도 생각할 수 있겠다.

4.2.2. J: 고유명사와 일반외래어의 분포

〈표 5〉 고유명사와 일반외래어의 분포

科目	固有名詞	一般外來語	合計
現代語	4어(3.25%)	119어(96.75%)	123어
政治	90(55.2%)	73(44.79%)	163
経済	81(36%)	144(64%)	225

고유명사와 일반외래어의 분포

■ 고유명사 ▨ 일반외래어

現代語 도표4   政治 도표5   經濟 도표6

3.25   44.79 55.2   36
96.75   64

「현대어」과목의 123어의 외래어 중 고유명사는 4어(3.25%)에 지나지 않는다.

'アメリカ、イギリス、カナダ、フランス'가 현대어 교과서에 나타난 고유명사였고 그 밖에 119어(96.75%)의 절대 다수의 일반외래어가 나타나고 있어서 현대일본어의 어휘의 구조를 잘 반영하고 있다고 볼 수 있다. 한국어의 국어교과서가 외래어어휘를 강조하고 있지 않는 점과는 대조적으로 고유명사보다는 일상 문화어로서의 외래어의 사용을 강조한다고 볼 수 있다.

일본의 국립국어연구소의 조사결과로 1974년 고등학교 교과서의 사회·자연 과목의 용어의 분석에서 외래어는 전체어휘의 6.1%를 차지하는 것으로 나타났다.[3]

4.3 어원별 분포

4.3.1 K의 어원별 분포

K의 국어, 정치, 경제 세과목의 고유명사를 제외한 일반외래어 만을 그 어원에 따라 검토해 보니 <표 6>과 같이 나타났다. E는 영어, EK는 영어+한국어, G는 독일어, F는 프랑스어, I는 이탈리아어, J는 일본어, P는 폴투갈어를 나타낸다.

---

[3] 국립국어연구소의 조사결과에서 1974년 고등학교의 사회과목과 자연과목의 용어 중 외래어 어휘는 6.1%로 보고되고 있다. 이것은 주요 사전들의 표제어들이 나타내는 10.9%보다 훨씬 더 적은 수치를 나타낸다.

<표 6> 외래어 어휘의 어원별 분포

과목	외래어수	E	EK	G	F	I	J	P
국어	85어	74어(87.5%)	1어	2어	6어	1어	1어	·
정치	23	20(87%)	1	2	·	·	·	·
경제	31	28(90.3%)	·	1	·	·	1	1

어원별분포 K

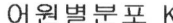

■ 영어   ▨ 비영어

국어 도표7   정치 도표8   경제 도표9

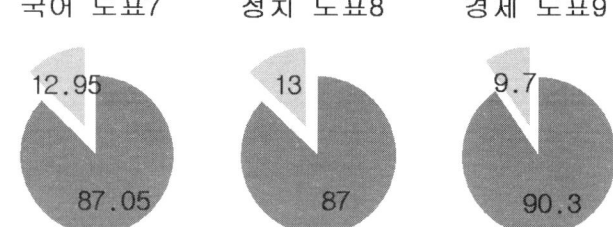

위의 <표 6>, <도표 7>, <도표 8>, <도표 9>에서 알 수 있는 바와 같이 국어에서 87.05%, 정치에서 87%, 경제에서 90.3%의 높은 비율로 영어에서 차용된 외래어가 절대적인 우위를 차지하고 있음을 알 수 있다.

4.3.2 J의 어원별 분포

J의 現代語, 政治·경제(주4: 일본어 사회과목의 정치와 경제는 181쪽의 한권에 두과목이께 편집되어 있다)의 일반외래어만을 대상으로 그 어원을 국가별로 정리하면 <표 7>과 같다.

<표 7> 외래어 어휘의 어원별 분포

科目	外來語數	E	EJ	G	F	I	P
現代語	119어	103어(86.55%)	12어	·	1어	2어	1어
政治	73	64(87.67%)	5	2	2	·	·
經濟	144	121(84.2%)	18	4	1	·	·

야자키(矢崎源九郎:1964:4)는 일본인의 일상생활에서 흔히 사용되는 빈도수가 높은 외래어 어휘를 60개 추출하여 어원별로 분석하여 그 중 83%에 해당하는 50어가 영어에서 들어온 것이라고 보고한 바 있다. 그 밖에 1963년 硏究社의 조사에서 83%가, 1963년의 岩波国語辞典에서는 72%가 영어를 원어로 하고 있다고 소개한 바 있다. 그밖에 1962년의 국립국어연구소의 보고에서 2,964어의 외래어의 분석결과 81%가 영어로부터 차용되었음이 밝혀졌다.

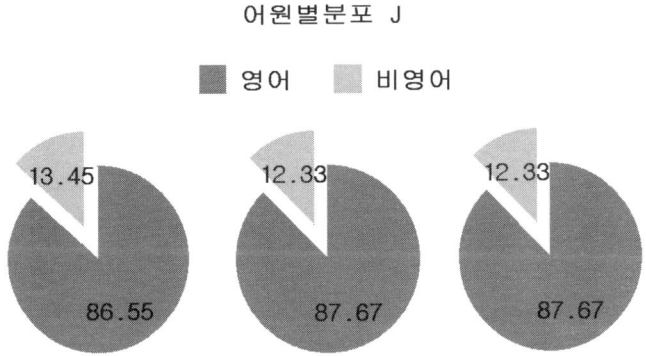

위의 표에서 알 수 있는바와 같이 現代語, 政治, 그리고 經濟의 세과목 교과서 모두에서 영어를 어원으로 하는 외래어가 절대 다수의 분포를 보여주고 있다.

4.4 어구성별 분포

4.4.1 K의 단순어와 복합어의 비교

고유명사를 제외한 일반외래어를 어구성별로 단순어와 복합어로 나누어 검토해 보면 다음과 같다.

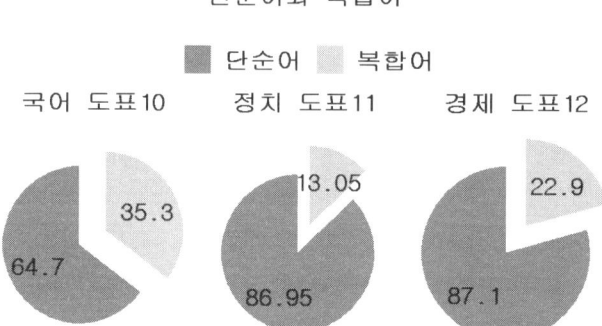

<표 8> K의 단순어와 복합어의 비교

과목 \ 어종	단순어	복합어	합계
국어	55어	30어	85어
정치	20	3	23
경제	27	4	31

4.4.2 J의 단순어와 복합어의 비교

일반외래어의 어종별 분포를 과목별로 검토해 보면 다음과 같다.

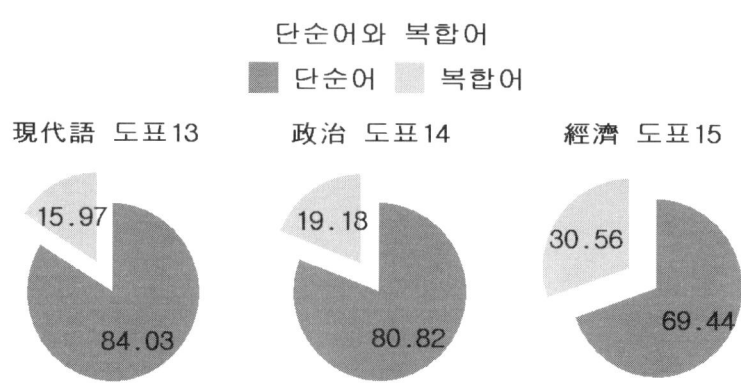

III.3 한·일 교과서의 외래어의 대조 207

<표 9> J의 단순어와 복합어의 비교

科目 \ 語種	단순어	복합어	합계
現代語	100어	19어	119어
政治	59	14	73
經濟	100	44	144

경제용어의 일반외래어가 144어의 출현을 보이고 있어서 한국어의 경제교과서와는 상당한 대조를 보인다.

4.5 일본식외래어와 한국식외래어

4.5.1 K의 한국식외래어의 출현

한국식외래어란 영어를 어원으로 하면서 한국어식으로 형성된 외래어 어휘를 말한다. 이하에서 EK라고 부르기로 한다.

<표 10> K의 한국식외래어

EK \ 과목	EK어수	EK의 형태
국어	11어	축약형 2, 조립형 7, 약어1, 의미전환 1
정치	1	축약형
경제	1	조립형

한국식외래어
■ 일반외래어　■ 한국식외래○

국어 도표16　　정치 도표17　　경제 도표18

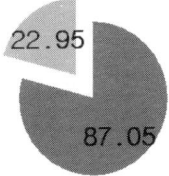
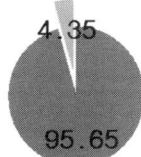
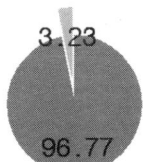

4.5.2 J의 일본식외래어의 출현

일본어의 외래어의 특징 중 하나로서 영어 기타 서양어를 어원으로 하나 일본어 음운현상에 맞게 생략 또는 축약되어서 만들어진 和製外来語가 다수 포함되어 있다. 이들을 그 형태별로 검토하면 <표 11>과 같다. 이하에서 EJ라고 부르기로 한다.

<표 11> J의 和製外来語

EJ \ 科目	EJ어수	EJ의 형태
現代語	17어	축약형 4, 조립형 13
政治	6	축약형 4, 조립형 2
経済	27	축약형 9, 조립형 13, 의미전환1, 기타 4

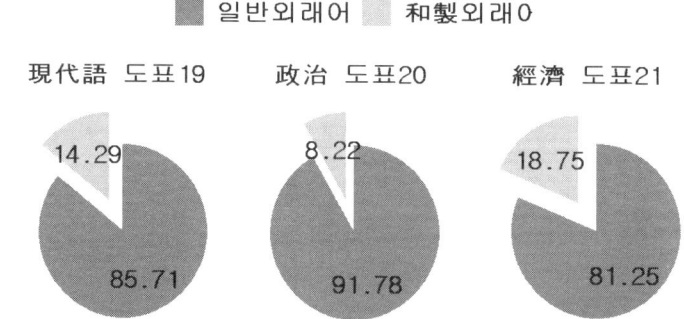

4.6 품사별 비교

일본어와 한국어의 교과서 외래어의 용례는 명사위주로 나타난다. 복합어의 경우 일본어에서는 다른 품사(전치사+명사, 명사+동사 등)로

바뀌는 경우가 나타난다. 한국어 외래어의 차용은 절대적으로 명사위주이며, 일본어의 경우처럼 동사화어미(する)를 첨가하거나 형용사어미(〜い, 〜な)를 첨가하는 일이 없다.

4.7 음절수의 비교

한국어의 경우, 고유명사를 제외하고 단순어로는 1字語(슛, 펜), 2字語(치즈, 장르, 점프), 3字語(펜덴트, 엘리트) 등의 예가 많고, 4字語(헤딩모션, 하프라인), 5字語(플레이스킥, 패션스토아) 이상으로 되면 복합어의 용례로 나타난다. 그러나, 7字語의 용례는 페널티에어리어 등 극소수에 지나지 않는다.

일본어의 경우, 2字漢語가 어휘체계의 가장 기본으로 빈번히 나타나며, 이들은 かな(仮名)로는 4字語로 바뀐다.

외래어의 경우, 단순어에서도 4拍語 이상의 다음절어가 많이 나타난다.

    4拍語   システム, サミット
    5拍語   コンピュータ, グローバル
    6拍語   ダイナミック, ハンバーガー
    7拍語   オートメーション, イントネーション

그러나 7拍語 이상의 다음절어에서는 복합어가 많이 나타나며, 그 중에 和製外来語가 빈번히 나타난다.

    7拍語 (4+3)   クレジット・カード, スピード・アップ
          (3+4)   キャッチ・セールス, テクノ・ストレス
          (5+2)   クーリング・オフ
    8拍語 (4+4)   スケール・メリット

	(3+5)	スタグ・フレーション
9拍語	(4+5)	スーパー・マーケット
	(6+3)	ディスカウント・ストア
	(2+3+4)	オンライン・システム
10拍語	(3+3+4)	コスト・プッシュ・インプレ
	(7+3)	コンビニエンス・ストア
	(4+6)	インフラ・ストラクチュア
11拍語	(4+7)	マイクロ・エレクトロニク

5. 맺는말

교과서의 외래어는 신문용어나 잡지 등의 다른 언어자료에 비교하여 그 출현이 억제되어 소수의 외래어만이 등장한다. 특히 한국어의 교과서에서는 실제 생활의 언어생활과 크게 차이를 보인다. 효율적인 어휘교육의 방안을 고려해 볼 필요가 있다고 생각한다. 한국인의 외래어사용은 전체적으로 매우 부정적이다. 일상어뿐만 아니라 전문용어에서도 번역어를 선호하며 한자어로 이를 대치하고자 하는 경향이 농후하다. 한편, 일본어의 경우에는 전후 급증하는 영어위주의 외래어(가타가나어)가 일본어학습의 장애요인으로 등장하고 있다. 지금까지의 일본어 외래어에 관한 선행연구는 의문과 표기 그리고 수용의식을 중심으로 이루어졌으며 앞으로는 언어사용과의 관련에서의 연구가 과제로 남는다.

III.4 韓国語の中の和製外来語の短縮形について*

| 요지 |

　한국에서는 영어를 제외한 일본어, 중국어, 프랑스어, 독일어, 스페인어, 아랍어, 러시아어 등의 외국어를 "제2외국어"라고 부르며 고등학교 교육에서는 선택과목으로 배우며 대학에서는 전공관련 학과가 개설되어 있고 일반 선택과목이나 교양선택과목으로 강좌가 개설된다.

　일본어에는 일본어와 서양의 차용된 원어의 어형이나 음상이 유사한 외래어가 있고 원어와는 별개의 어형인 일본에서 만들어 진 일본식외래어가 있다. 이러한 외국인에게는 생소한 일본식외래어는 신어의 조어법에 빈번히 적용되고 있어서 새롭게 편찬되는 신어(新語)의 용례집이나 사전의 도움이 없이는 외국인 학습자에게는 학습의 커다란 장애요인이 되고 있다.

　한국어의 외래어에도 이와 유사한 현상이 나타나고 있다. 현대한국어에서는 차용된 원어와는 다른 일본에서 사용되고 있는 어형과 유사한 용례들이 외래어로 차용되어 사용되고 있다. 그 용례들을 다음과 같이 구분한다. ① 원어의 어형을 부분적으로 생략하여 만든 단축형(다큐, 마이크) ② 어형으로 보면 차용된 원어와 유사하나 의미가 전이된 형태(맨션, 마담) ③ 한 단어가복수의 어종으로 결합된 혼종어(메뉴판, 게임방)

　이러한 한국어의 한국식 외래어와 일본어의 화제외래어가 서로 어떠한 과정을 거쳐서 상호 차용되고 있는지를 고찰함으로 한국인일본어 학습자와 일본인 한국어 학습자가 보다 효율적으로 외래어의학습에 접근할 수 있는 몇 가지 규칙을 얻어보려고 시도해 볼 것이다.

---

*『東アジア日本語教育・日本文化研究』第7輯, 東アジア日本語教育・日本文化学会, 2004.

1. はじめに

　日本語学習中の韓国人の中で、そのほとんどが英語を習ってから日本語を始めている。

　韓国では外国語の中でも日本語、中国語、フランス語、ドイツ語、スペイン語、アラビア語、ロシア語などは「第2外国語」と言う表現を用いている。これらの外国語が「外国語大学」以外の大学では教養選択科目として、または高等学校의第2外国語教科課程で教えるが、その履修単位はかなり少ない実情である。この点第1外国語の英語と大きく相違する。

　外来語(Foreign Borrowed Word)とは外国の言語体系の資料(語,語句、文字)が他の言語と接触して、その国の言語体系に合うように同化され、その使用が承認されたものである。このように外来語は　外国語とは異なり、普通「借用語」(Loan Word)とも呼ばれている。

　新しい文物が外国から流入し、新らたに造られる場合、その国の語彙として定着される過程は大きく2つの現象に分かれる。

　まず翻訳されて、その国の語彙や音韻、そして表記に合わせて受容される。

　次に外国語の形態のままで受け入れられる場合で、原語の形態と一致しない新しい語形を産み出すものである。翻訳による場合、どのとうな語彙でも翻訳可能というわけではなく、制限があり、言語大衆の感覚に合う借用語として定着する場合が増加している。

　日本語外来語はカタカナで表記されていて、外国人が日本語を学習する際、識別しやすく、部分的には原語の発音を反映するものもある。現代日本語の外来語語彙の中にはその語源が英語に由来する語彙

Ⅲ.4 韓国語の中の和製外来語の短縮形について 213

の比率がほかの外国語に比べて圧倒的に多いのである。英語のわかる韓国人学習者にとってカタカナ表記の「カメラ」(camera)又は「カメラ・スクリプト」(camera script)などはその意味を理解するのにさほど難しいことではないと言える。しかし次のような外来語は、かならずしも理解しやすいとは言い切れない。「カメラ・ルポ」の例をとってみると、「カメラ・ルポ」はcamera(英語)+reportage(フランス語)から成っており、また「カメリハ」のような例は「カメラ+リハーサル」の縮ったものであって、camera+rehearsalのことをしめし、場合によっては「カメラ・リハーサル」も使える。このような日本人にしかわからない外来語の造語法は、外国人日本語学習者にとって非常に困難を覚えるのである。日本語外来語は次のように分類することができる。

① 西洋語(又は英語)形態と同一なもの (ピアノ: piano)
② 表記上英語ではあるが、それは英語圏の人達には通じないもの
   (バック・ミラー: rearview mirror)
③ 英語と言うには不自然なもの （ハイ・センス: good taste）
④ 漢語と和語とが結びついてできた混種語(金メダル: gold medal)などがある。

本研究は上の ② ③ ④のような外来語の形式が韓国語にもあるのかどうかを調べてみることを目的とする。そしていわゆる和製外来語(和製英語)のような現象、即ち原語の語形とはかけはなれた語形で、韓国語に定着・同化したものを抽出し、これらを分析する。その中でも短縮形の語形を日本語の 和製外来語(和製英語)と対照してみたいと思う。「和製英語」と言う表現がより適切であるかどうかわからないが、韓国語の場合、適切な用語がまだ定まっていず、しかも英語を原語とする外来語だけではないという観点で、この研究では「韓国式外来語」と呼ぶことにする。本研究は和製外来語の中の短縮形と韓国語外

来語の中の短縮形の対応現象を調査して見る試みから出発する。

　分析資料としては週刊誌2種に見られる外来語語彙の中から韓国式外来語といえる用例である。
　これらの雑誌は政治、経済、不動産、教育、外交、安保、メディア、国際、科学、歴史、出版、健康、文化、演芸、映画、暮し、医学などを扱っている。
　大衆雑誌でありながら知識層や若い世代の読者を確保していて、普遍的な韓国人の言語生活の現実をよくしめしていると思われ、分析の資料とした。

2. 和製外来語(和製英語)

　日本語の外来語は、その語形と語法の面で外国語の原語とは非常に異なった日本語独自の語彙を産み出す場合がある。このような方式で日本語の語彙全体で外来語の占める比率は徐々に増加している。日本語の外来語の外国語の原語とは異なった語形は外国人には難解で、場合によってはコミューニケーションにおける大きな障害の原因になることもあるという指摘もある。

2.1 日本語外来語の造語法

(1) 複合

これは二つ以上の語が結合して一語を作る場合である。(例:リゾート

ブーム, 紙コップ)

(2) 派生

これはある語に接辞を付けて新語を作る場合である。これは、狭い意味での接辞だけでなく、活用語尾などをも含むことである。即ち接頭辞・接尾辞のほか、外来語に「する」「な(に)」、助詞の活用語尾、一部助動詞の語尾を付けたものなどがこれに該当する。

① 接頭辞の付いた派生語
 anti ：アンチ巨人
 ultra ：ウルトラC
 sub ：サブザック
 super：スーパーMC
 semi ：セミショット
 post ：ポスト産業化
 multi ：マルチ商法
 min ：ミニ新幹線
 new ：ニューハーフ

② 接尾辞の付いた派生語
 〜er ：フリーター
 〜tic ：おとめチック
 〜ism：がんばりズム
 〜ist ：リアリスト
 〜ing ：キャッシング
 〜ship：スキンシップ
 〜logy：エコロジー

③ 動詞化

外来語は原則としてすべて不変化の名詞である。しかし現代日本語においては「名詞＋ru」や「名詞＋suru」などの類型が可能である。これは外国人学習者にとって非常に難解な項目である。

　　～ ru 　：ゲバる　　アジる　　トラブる
　　～ suru：カットする　　スリップする

④ 形容詞→・副詞化

形容詞語尾の「な」または「に」を接辞させる方法で、形容詞語尾が直接外来語に付くことは稀である。

　　な/に 　： シックな(に)　デリケートな(に)　ナウいな
　　～っぽい：ピンクっぽい　おとこっぽい
　　チック 　：まんがチック　メルヘンチック

(3) 省略

外来語は語形が長すぎる場合が多いのが外来語欠点だと従来しばしば指摘されてきた。省略のパターンとしては上略、中略、下略、二回省略などが挙げられる。その他アルファベットの省略と略表記もある。

　　上略: アル<u>バイト</u>
　　中略: ア<u>チーブメント</u>・テスト
　　下略: <u>コネク</u>ション
　　二回省略: <u>オフィスコンピューター</u>
　　アルファベットの省略: OD　　　（博士浪人）
　　略表記: W杯(=ワールドカップ)

2.2 和製外来語の生成

和製外来語の生成は従来の語を新たに組み合わせたり、変形したり

してなんらかの方法によって新たな日本語を産み出すことを指す。即ち広義での新語の生産に該当する。借用も造語の一種であって、外来語の造語力も漢語の造語力に等しいぐらいであると言える。外来語の増加はその大半が借用によるもので、和製外来語の生成も一つの原因なのである。

2.3 和製外来語の類型

(1) 短縮型

〈表 1〉英語の短縮化で作られた日本語

英語(E)	日本語(J)
oper<u>ation</u>	オペ
volley <u>ball</u>	バレー
basket <u>ball</u>	バスケ
concise <u>dictionary</u>	コンサイス
after <u>sales</u> service	アフター・サービス

(2) 直訳型

〈表 2〉英語の意味を直訳して作られた日本語

E	J
private car	マイ・カー
ring binder	リング・ブック
receptionist	ホテルマン
make a goal, finish	ゴール・イン
the most important point	キー・ポイント

(3) 混合型

〈表 3〉複数の外国語の組み合わせで作られた日本語

外国語+外国語	日本語
Thema + song(独+英)	テーマソング
Thema + park(独+英)	テーマ・パーク
Thema + promotion(独+英)	テーマ・プロモーション

(4) 混種語型

日本語の外来語は単独の外来語と複合語の外来語の2種類に分けられる。また複合語は①日本の固有語である和語②中国からの借用語である漢語③単独の外来語、そして ① ② ③の3種類の語種の結合で構成された混種語に分けられる。

〈表 4〉混種語の外来語

外来語+漢語/漢語外来語	和語+外来語/外来語+和語
ホテル家族	手形オペ
リコール制	住宅ローン
シニア住宅	筋トレ
ゴルフ場	禁煙する
マラソン大会	宇宙ステーション

(5) 로마자 略語型

〈表 5〉ローマ字表記外来語

原語	外国語の略語	日本語の意味
office lady/girl	OL/OG	女子事務員
office boy	OB	卒業生, 先輩
Japan Railway	JR	日本放送協会

Nippon Hoso Kyokai	NHK	国鉄
very important peron	VIP	著名人士
country club	~CC	カントリークラブ

3. 韓国式外来語の特徴

　韓国語に取り入れられた日本語外来語には、1945年以後かなり長いあいだ日本語で使われている語形を「ハングル」で表記したものが使われて来た。日常生活と密接な関係を持つ文化語だけではなく、建築、衣類、印刷業、食品、スポーツ、理・美容関聯、自動車整備業、写真、などの専門用語に日本語が使われてきた。その一方で、韓国語の国語政策により「国語純化運動」が展開され学校教育を通じてそれらの日本語に対応する純粋の韓国語語彙で表現するような努力が払われて来た。

　いかし現代韓国語になって新しい現象が認められ対頭しはじめた。それは日本語の和製英語のような「韓国式外来語」の増加である。そのような語彙は英語を始めとする西洋の諸言語との接触で生じる借用現象とも見られ、日本語の場合のように語源の異なる言語どうしの結合、短縮などによる新しい外来語が登場するようになったのである。

　現代韓国語の外来語は次のように区分される。

① 直訳外来語: 原語の語形と同じ形態(原語: piano K: 피아노)

② 韓国式外来語: 原語の語形とは異なる形態
　　　　　　　(原語: appartement K: 아파트)

가라오케(karaoke)　　　게임랜드(geimland)
고스톱(gostop)　　　　네트워킹(netweoking)
노하우(no hau)　　　　다큐(dakyu)
더블보너스(dabulbonus)　디카(dika)
보너스(bonus)　　　　라이브(raibu)
라이터(raiteo)　　　　레코드가게(rekodugage)
로비(robi)　　　　　　룸 씨어터(rumsieoteo)
룸 살롱(rumsalon)　　　마담(madam)
마이크(maiku)　　　　매스컴(masukeom)
맨션(maensyeon)　　　메뉴판(menyupan)

3.1 原語の語形を部分的に省略した短縮型

外国語が韓国語の音韻体系に組み入れられた時、英語のような強弱アクセントのアクセントがない部分は往々にして省かれやすい。特に語頭や語尾に位置する母音や子音などが省略されたり、時には無声化したり連母音の同化をおこして音節が融合してしまう現象である。

〈表 6〉

K	E
다큐　dakyu *	documentary
디카　dica	degital camera
라이브 laivu	live music
마이크 maiku	microphone
아파트 apatu	appartement

*は韓国語の読み方をローマ字で表したものである。

3.2 語形上原語と類似しているが、原語の意味が転移したもの

　文化的背景の異なる言語の語彙が他の文化と接した時に、意味の縮小、または意미의 拡大、意味の転移現象が起こり、そのまま定着して外来語となった語彙は原語の意味とは非常に異なった意味を帯びる場合がある。

〈表 7〉 한국어외래어와 원어의 어형비교

K	E
게임랜드　geimland	amusement park
맨션　maensyun	mansion
로비　robi	lobby
마담　madam	madame

3.3 複数の語種が結びついた混種語

　日本語の「和製漢語」と同様に韓国語においても漢語は造語力が高いので、新しい派生語や複合語を作り出すのに有利であることが認められている。現代韓国語では漢語だけではなく、外来語もその豊かな造語力が知られている。本稿でいう混種語は1語、ないし2語以上の結合から成るものをさす。

〈表 8〉 混種語

外来語+漢語/漢語外来語	外来語+固有語/固有語+外来語
게임방(geimbang) 메뉴판(menyupan)	레코드 가게(rekodugage)

4. 和製外来語と韓国式外来語

4.1 和製外来語と韓国式外来語の語形の一致

　韓国語の外来語の中には発音上外来語(英語またはほか外国語)のように聞こえても外国人はその意味が通じない韓国式外来語がある。このような現状は外来語の場合だけではなく、韓国語の語彙体系　全般拡大されている。特に若年層の韓国人のなかには韓国語の固有語や漢字語の語彙にまでこういった短縮語形を使用する傾向が見られるのである。その理由は様々であるが、日本語の外来語に現れている短縮現像のからの影響であることだと言える。

<表 9> K: Jの一致

和製外来語	英語・フラス語	韓国式外来語
アパート	appartment house	아파트(apatu)
インフラ	infrasrtructure	인프라(inpura)
インフレ	inflation	인플레(infure)
オートバイ	auto bicycle	오토바이(otobai)
カレーライス	curry and rice	카레라이스(kareraisu)
テロ	terrorism	테러(tero)
コート	overcoat	코트(kotu)
コンサイズ	concise dictionary	콘사이즈(konsasizu)
シュークリーム	chou a la creme	슈크림(shukrim)
ジントニック	gin and tonic	진토닉(jintonik)
ステンレース	stainless steel	스텐레스(stenres)
スピーカ	loudspeaker	스피커(spikeo)
ノート	notebook	노트(notu)
バイオ	bio	바이오(baio)
パフ	power puff	퍼프(pupu)

III.4 韓国語の中の和製外来語の短縮形について　223

ロゴ	logol	로고(logo)
ボールペン	ball point pen	볼펜(bolpen)
マナー	manners	매너(maeneo)
マラソン	marathon race	마라톤(maraton)
メモ	memorandom	메모(memo)
ロケ	location	로케(roke)

() の中の表記は韓国語の読み方をあらわす

4.2 和製外来語と韓国式外来語の語形の部分的な一致

〈表 10〉K: Jの部分的な一致

K	J	E
뉴스캐스터	キャスター	newscaster
드라이크리닝	クリーニング	dry cleaning

4.3 和製外来語と韓国式外来語の語形の相違

〈表 11〉K: Jの語形の相違

K	J	E
에이에스(AS)	アフターサービス	after sales service
농구	バスケ	basket ball
배구	バレー	volley ball

5. おわりに

(1) 韓国語においても和製外来語とおなじ現象が認められた。それは韓国人しか理解できない造語という点である。

(2) 和製外来語の縮約指向的な傾向はその言語の音節の構造が2音節・3音節に基調をおいていることに由来する。しかしこのような傾向を持たない韓国語において短縮型外来語の出現の意味は今後の課題となろう。

(3) 韓国語外来語の形式があと延べたが、このうち混種語がもっとも多い割合を占めていることがわかった。一方、「外来語＋固有韓国語」との結合は極めて小数しかならない。これは表意文字である漢語が韓国語の語彙全般に占める割合が高いことと無関ではないだろう。そのために「外来語＋固有韓国語」の用例が少ないのも韓国語語彙の語源に占める固有の語彙が少ないことと関聯があるものと思われる。

Ⅲ.5 韓国語と日本語の外来語音節の対照*

| 요지 |

　한국어의 음절구조에는 자음으로 끝나는 폐음절과 모음으로 끝나는 개음절 구조가 다양하게 나타난다. 한편 일본어의 음절구조는 촉음, 하네루옹을 포함하는 음절 이외에는 모두 개음절로 끝나는 것이 커다란 특징이다.
　분석의 자료는 한·일 양언어의 외래어의 용례 중 명사형을 추출하여 그들의 음절구성에 대하여 살펴본다.
　한국어와 일본어의 외래어의 용례들을 대조 분석하여 보면 양언어에서 공통적으로 나타나고 있는 다음과 같은 몇 가지 현상을 확인할 수 있다.
　① 현대국어와 현대일본어에서 보이는 새로운 음절의 증가현상
　② 발음과 표기의 혼란
　③ 어형이 길어지는 다음절어의 증가현상
　④ 음운체계 전반에 영향을 주는 변화현상

---

1. はじめに

　本発表では、西洋から借用された外来語を中心に、韓国語と日本語の外来語音節について、その類似点と相違点を明らかにし、韓・日両国語の外来語の音節における変化が音節体系に影響を与えていること

＊ 東アジア日本語教育・日本文化学会国際学術大会発表. 2005. 11月 別府大学

を指摘する。そのために、一般外来語と日本語化や韓国語化された語形の語例を、『カタカナ語辞書』、『日刊新聞』、『現代用語の基礎知識』から取り出し、分析の資料とした。(ここでは、外来語の音節を比較するため、考察を名詞に限る)。

2. 韓国語の音節

韓国語は「音素文字」であり、日本語は「音節文字」である。音節(音節、syllable)は母国語 話者がその国の言語を発音する際、前後の音義境界を感じることのできる最小の単位を指す。即ち、発音する時に切れることがなく、その前後に切れることがある声の連続を「音節」と言う。

2.1 韓国語の音節の特徴

(1) 開音節と閉音節がある。
(2) 音素の数が多いし、音節の数も多い。

2.2 韓国語の音節構造と種類

韓国語の音節にはV型、VV型、VC型、CV型、CVC型、CVV型、VVC型、CVVC型の8八つの種類がある。韓国語の音節の数はVC型：154個、CV型418個、CVC型　2926個で合わせて3520個の音節が現れている。

3. 日本語の音節

日本語は音節文字である。

日本人は 心(こころ)の こ，こ，ろなど、仮名一文字で表現される音節(syllable)または拍を 発音の最小単位と考える。

3.1 日本語音節の特徴

(1)「開音節」、即ち子音+母音(CV)構造が基本であり、音声の連続をCV型に切って話す。

(2) /N/と /Q/と言う子音で終わる「閉音節」CVC型がある。
　特殊音素と呼ばれ、語頭に立たないし、他の音素に後行する。

(3) /R/は母音だけでひとつの音節をなす。/VV/という同じ母音音素の連続である。

(4) /r/, /p/は固有語では語頭によく立たないし、/g, z, d, b/などの濁音は比較的語頭によく立たない。

(5) /ca, co/ 等は普通 /Q/の次に現れる。 '父'-/otoTcaN/

3.2 日本語の音節構造と種類

① V型：1母音音素
　a, i, u, e, o, ja, ju, jo, waの 9ので 現れる。
　日本語の単母音音節には二重母音は存在しない。 je, wi, weは外来語に現れる。
　（短音節 1拍）
② CV型：1子音音素+ 1子音音素（短音節 1拍）
③ SV型：1半母音音素+1子音音素(短音節 1拍)
④ CSV型：1子音音素 + 1半母音音素 + 1子音音素(短音節 1拍)
⑤ CVN型(撥音節, 2拍) CVQ型(促音節, 2拍) CVV型(長音節, 2拍)

4. 韓国語と日本語の音節の比較

(1)音節は発音の単位である。韓国人は音節を表記の単位として認識するし、表記の単位と考える傾向がある。日本語の場合にも音節は発音の単位であると同時に表記上の単位にもなっている。ハングル文字の1字や仮名1字は1音節に認識されている。

(2) 日本語の場合、子音で終わる音節は/N, Q/の特殊音素を含む促音節と撥音節のみである。一方、韓国語では /p, t, k, m, n, l, ŋ/の7の字音に限定されている。韓国語の /ŋ/は 終声以外の位置には現れないが、日本語の/N/は語中位置にもと語尾にも現れる。

(3) 韓国語ではCVC型が最も頻繁に現れ、日本語ではCV型が一般的

である。

(4) 韓・日両国語に半母音を含む音節がある。

5. 韓・日外来語音節の特徴

　現代韓国語と現代日本語において外来語の借用語の増加は共通的な現状といえる。政府や学界はその国の固有語を使用することを推奨し、新語の生成にににおいても固有語の語彙を作って、外来語の使用を抑制しようとする。しかし大衆は外来語を好む。

5.1 新しい音節(拍)の増加　現状

　日本語音声学では現代日本語の拍の数は102～130個、または133個であると言っている。音節(拍)の数はますます増加する傾向を見せている。これは外来語の氾濫と新しい語彙の出現の 結果であろ。

　日本語の新しい音節：
　　　hwa(ファッション）
　　　hje(フェイス)
　　　hwi(フィルム)
　　　dju(プロデューサー）
　　　ca(ツア)
　　　co(ツォ, ce(ツェロ)
　　　di(メディカル)等

現代韓国語と現代日本語においてのこのような外来語の借用語の増加は共通的な現状である。"外来語の氾濫"とも言える程度に、借用語は急増する傾向を見せている。
　日本語の場合は戦後アメリカを中心に、英語から借用されたカタカナ表記の　外来語が　絶えずに増えてきている。このような趨勢が今後何十年続けるならば漢語の相当部分を外来語が占めてしまう現状が予測されると言う指摘もある。そして日本語の語彙体系の構成の比率が大きく　変化することが起きる可能性もあると見ている。

5.2 発音と表記の混乱

　一つの外来語に対して異なった形態の共存現状が現れる。
　外来語を　受け入れる過程は　単純でない。したがって外来語の語彙が発音と表記において一つの語形で現れないで、様々な異なった形で表記されたりする。
　外来語は固有語である和語や漢語とに比べ、語をその構成要素に分解出来ないという特徴を持っている。即ち、漢語と和語の場合は、意味の構成要素を共有していて日本人であれば、聞いたことをその意味の単位で理解することが可能である。しかし外来語に対しては意味の構成要素を分解することがほとんど不可能である。カタカナ語は一般の日本人にはただし音の連続に過ぎないし、その意味を推測することはほとんど不可能である。
　カタカナ語を"原音主義"にしたがって充実に表記しようとしても、元の発音をそのまま表されない場合がある。それは単一音素のレベルでだけでなく、アクセントの問題にもなっている。その結果一個の語彙に

対して二つ、またはその以上の語形が共存している現状がおきる。このような共存現状は外国人の日本語外来語の学習に大きい障害要因として現れている。

5.3 多音節語の増加現状

単純語と複合語で語形が長い単語が増加している。

韓国語の場合、固有名詞を除い単純語では1字語、2字語、3字語等の例が多くて、4字語、5字語以上になれば複合語の語彙に現れる。しかし、7字語の用例は稀にしか現れない。しかし7拍語以上の多音節語で複合語が多く現れて、その中には和製外来語が頻繁に現れる。

日本語の場合、2字漢語が語彙体系の基本で、もっとも頻繁に現れて、仮名では4字語になる。

外来語の場合、単純語でも4拍語以上の多音節語が多いことがわかる。

 例： 4拍語 システム, サミット
    5拍語 コンピュータ, グローバル
    6拍語 ダイナミック, ハンバーガー
    7拍語 オートメーション, イントネーション

複合語でも4拍語以上の多音節語が多く現れる。

   7拍語 (4+3) クレジットーカード, スピード・アップ
      (3+4) キャッチ・セールス, テクノ・ストレス
      (5+2) クーリング-オフ
   8拍語 (4+4) スケールメリット

		(3+5)	スタグ・フレ・ション
	9拍語	(4+5)	ス・パ・・マ・ケット
		(6+3)	ディスカウント・ストア
		(2+3+4)	オンライン・システム
	10拍語	(3+3+4)	コスト・プッシュ・インプレ
		(7+3)	コンビニエンス・ストア
		(4+6)	インフラ・ストラクチュア
	11拍語	(4+7)	マイクロ・エレクトロニク

5.3 音韻体系 変化現状

(1) 語頭音で(に)濁音が現れる。
(2) r, lが 語頭音で(に)現れる。
(3) 日本語で ハ行音が 増加する。
(4) 拗音が 増加する。
(5) 特殊音素の 使用が 増加する。

참고문헌

제 I 장 일본어외래어의 음성

金淑子, 1997a,「일본어 외래어의 음성적 특질」, 日語日文學研究 第30輯 韓国日語日文学会.

_____, 1997b,「일본어와 한국어의 외래어의 대조」, 인문과학연구 제6호 祥明大學校 人文科学研究所.

金田一春彦, 1967,「国語音韻の研究」, 東京堂出版.

김원익, 1991, 現代日本語音節に関する一考察 -外来語音を中心として-, 한국외국어대학교대학원.

金載栄, 1993, 日本外来語音に関する研究 -韓国外来語音との対照を中心として-, 漢陽日本学 第1号(創刊号)漢陽大学校 日本学会.

文化庁, 1958,「音声と音声教育」, ことばシリーズ 18.

_____, 1976,「外来語」, ことばシリーズ 4.

石綿敏雄 1985,「日本のなかの外来語」, 岩波新書 269 岩波書店.

_____, 1985,「日本のなかの外来語」, 岩波新書 296 岩波書店.

石野博史 1983,「現代外来語考」, 大修館書店.

_____, 1983,「現代外来語考」, 大修館書店.

_____, 1989,「外来語」, 講座日本語と日本語教育 6, 明治書院.

_____, 1991,「表音と表語」, 日本語学 7月号, 明治書院.

松岡洸司, 1983,「外来語の歴史」, 講座日本語学 4, 明治書院.

松井利彦, 1982,「漢語・外来語の性格と特色」『日本語の語彙の特色』, 講座日本語の語彙2 明治書院.

寿岳章子, 1982,「現代の命名法」『現代の語彙』, 講座日本語の語彙7 明治書院

矢崎源九郎, 1964,「日本の外来語」, 岩波新書 518 岩波書店.

野村雅昭,「語種と造語力」『日本語学』, 1984 9月号 Vol.3 明治書院.

遠藤織枝, 1989,「外来語の表記」, 講座日本語と日本語教育 第8巻, 日本語の文字, 表記(上), 明治書院.

日本語教育指導参考書, 16,「外来語の形成とその教育」, 国立国語研究所 1990.

自由国民社, 1997,「現代用語の基礎知識」.

佐竹秀雄, 1986,「外来語表記法の問題点」論集 日本語研究(一) 現代編, 明治

書院.

崔丁龍, 1983,「日本語外来語に関する考察」, 釜山女大論文集 第15輯.

崔春吉, 1992,「日本語 속의 外来語에 대한 研究」-西洋語를 中心으로-, 성심외국어전문대학 논문집 제11집.

허광회, 1991,「日本語 속의 外来語表記와 長音符号 '-'에 대하여」, 日本学報 제26집 韓国日本学会.

제Ⅱ장 일본어외래어의 지도

Hyun ChoonSoon, 2001,「高等学校日本語教育課程の語彙分析 : 第7次教育課程の基本語彙を中心に」済州大教育大学院.

Kim JinSuk, 2002,「高等学校第7次教育課程の日本語Ⅰの語彙分析に関する研究」慶尚大教育大学院.

Reading Tutor http://language.tiu.ac.jp/index.html.

『日本語Ⅱ』, 2004, 지학사 김효자・박재환・정용기.

『日本語Ⅱ』교학사, 2004, 이봉희・김남익.

『日本語Ⅱ』대한교과서, 2002, 김숙자・이경수・어기룡・사이토아사코.

『日本語Ⅱ』블랙박스, 2002, 한미경・津崎浩一・조성범・이영환.

『日本語Ⅱ』진명출판사, 2002, 유길동・여선구・조문희・가이자와도시코.

『日本語Ⅱ』천재교육, 2004, 양순혜・이원복・위혜숙・이향진.

『現代用語の基礎知識』, 自由国民社 1997.

郭敏恵,「高等学校 日本語教科書를 中心으로 한 カタカナ語 分析」, 경희대학교 교육대학원 2004.

郭敏恵, 2004,「高等学校 日本語教科書를 中心으로 한 カタカナ語 分析」, 경희대학교 교육대학원 2004 金淑子, 2003.「第7次教科課程の高校用日本語教科書に対する検討と提案」『日本語教育研究』, 第6輯 韓国日語教育学会 p.15~29.

菅野謙「用語の略語形」『日本語学9月号』, 明治書院 1985.

国立国語研究所, 2001, 『語彙の研究と教育』, 日本語教育指導参考書12 国立国語研究所.

国立国語研究所, 日本語教育指導参考書12, 『語彙の研究と教育』.

＿＿＿＿＿＿, 日本語教育指導参考書16, 『外来語の形成とその教育』.

＿＿＿＿＿＿, 1995, 『外来語の形成とその教育』, 日本語教育指導参考書16

国立国語研究所.

_____, 日本語教育指導参考書16-『外来語の形成とその教育』, 1991.

国際交流基金, 1991,『日本語能力試験出題基準』, 凡人社 p.3.

金淑子,「和製外来語の音節構造」『日本学報』, 第41輯 韓国日本学会 1998.

_____,「日本語外来語の音声的特質」『日語日文学研究』, 第30輯 韓国日語日文学会 1997.

金泰昊, 1996,「第6次教育課程の日本語教科書に現れた問題点とその改善方向」月刊『日本語』時事日本語社.

긴다이이치 金田一春彦,『日本語(上・下)』, 岩波書店, 1988.

김숙자,「일본어와 한국어의 외래어 대조」, 상명대학교 인문과학 연구소, 1997.

_____,「和製外来語의 音節構造」, 韓国日本学会『日本学報』제41집, 1998.

_____, 2004,「第7次教科課程の高校日本語教科書に現れたカタカナ語の分析」『日本学報』, 第59輯 韓国日本学会 p.47~58.

金淑子他3人, 2002, 高等学校『日本語Ⅰ』, 大韓教科書.

金孝子他2人, 2002 高等学校『日本語Ⅰ』, 志学社.

노무라 野村雅昭,『日本語-語彙と意味』, 岩波書店, 1978.

同時代舎,『大きな活字のカタカナ語・略語辞典』, 永岡書店 1993.

文化庁, 1976,『外来語』, ことばシリーズ 4.

上野景福,「西洋外来語―その歴史と問題点」『日本語学9月号』, 明治書院 1985.

石綿敏雄, 1985,『日本のなかの外来語』, 岩波新書 296 岩波書店.

石野博史, 1983,『現代外来語考』, 大修館書店.

_____, 1989,『外来語』, 講座日本語と日本語教育 6, 明治書院.

_____,『現代外来語考』, 大修館書店 1983.

石井恵利子, 1983,『現代外来語考』, 大修館書店. p.86~89.

_____, 2003,「日本語教育におけるパラダイムの転換と教科書の役割」『日本語教育研究』, 第6輯 韓国日語教育学会 p.3~13石野博史.

松岡洸司, 1983,『外来語の歴史』, 講座日本語学 4, 明治書院.

矢崎源九郎, 1964,『日本の外来語』, 岩波新書 518 岩波書店.

柴田武,「外来語の再生産」『日本語教育』, 1970.

安秉坤他3人, 2002, 高等学校『日本語Ⅰ』, 成安堂.

안일주, 2005,「제7차 교육과정 고등학교 일본어교과서의 가타가나어에 관한 연구」상명대학교 교육대학원.

梁淳恵他3人 2002, 高等学校,『日本語Ⅰ』, 天才教育.

玉村文郎, 1991,「日本語における外来要素と外来語」『日本語教育』, 74号日本語教育学会.
玉村文郎,「日本語における外来要素と外来語」『日本語教育』, 74号 1991.4.
禹有貞,「高等學校 敎育課程 日本語 敎科의 基本語彙 分析」, 경상대학교 교육대학원 2000.
遠藤織枝, 1989,『外来語の表記』, 講座日本語と日本語教育8, 明治書院.
柳吉東他3人, 2002, 高等學校『日本語Ⅰ』, 進明出版社.
柳容圭他2人, 2002, 高等學校『日本語Ⅰ』, 教學社.
李德奉, 1997,「日本語課題7次教育課程開発の現況と課題」, 韓國外國語教育學會學術大会 資料集.
李奉姬/金南益 2002, 高等學校『日本語Ⅰ』, 教學社.
李淑子他5人 2002, 高等學校『日本語Ⅰ』, 民衆書林.
이시노 石野博史,『現代外来語考』, 1大修館書店, 1983.
李賢基他2人 2002, 高等學校『日本語Ⅰ』, 進明出版社.
일본어능력시험 공식 사이트 http://www.jlpt.or.kr/
張南瑚他2人 2002, 高等學校『日本語Ⅰ』, 時事英語社.
鄭惠真「제7차 교육과정 일본어 교과서의 어휘 조사 연구」한남대학교 교육대학원 2002.
第7次教育課程教育部告示, 1997-15号[別冊14]『外国語科 教育過程(Ⅱ)』1998, 大韓教科書.
＿＿＿＿＿＿＿＿＿＿＿＿＿＿＿＿, 1997-15号[別冊27]『外国語系列高等学校專門教科教育過程』, 1998 大韓教科書.
趙南星/北,直美 2002, 高等學校『日本語Ⅰ』, 学文出版.
曹永湖, 1996,「高校日本語教科書における使用語彙の特徴」『日本学報』, 第37輯 pp.125～137.
倉持香, 2004,「韓国日本語学習者のためのカタカナ語指導への要望の研究」, 釜山大學校大學院 p.57～59.
韓国教育課程評価院, 2001,『2種教科用図書の質, どのように改善することか?』
韓美卿他3人 2002, 高等學校『日本語Ⅰ』, Blackbox.
韓秀真,「第7次 教育課程 高等學校 日本語 教科書의 カタカナ語에 대한 고찰」, 한국외국어대학교 교육대학원 2003.
許智善, 2000,「教育過程別高等学校日本語教科書の比較考察」, 全北大教育大学院.

제Ⅲ장 일본어외래어와 한국외래어

KBS アナウンサー室 韓国語研究会,「外国語醇化用語集」, 1994.
ことばシリ-ズ 4「外来語」, 1976, 文化庁.
「朝日キ-ワ-ド95-96」, 1995, 朝日新聞社編.
「現代用語の基礎知識」, 1997, 自由国民社.
『カタカナ新語辞典』, 1997, 同文書院.
『カタカナ語新辞典』, 1997, 津田 武 編 共同通信社.
『カタカナ外来語/略語辞典』, 2000年版 自由国民社.
『外来語純化用語集』, 1994, KBS 韓国語研究会.
강신항(1983a),「외래어의 실태와 그 수용대책」,『한국어문의 제문제』, 일지사.
＿＿＿＿, 1983a,「外来語の実態とその受容対策」,「韓国語文の諸問題」, 一志社
＿＿＿＿, 1983a,「외래어의 실태와 그 수용대책」,『한국어문의 제 문제』, 일지사.
강윤호, 1971,「개화기 교과용 도서에 나타난 외래어 표기의 실태에 대한 연구」
　　　　『한국문화연구원 논총』8집 이화여대한국문화연구원.
강인선, 1996,「일본 로마자 표기의 어제와 오늘」,『새국어생활』, 제7권 제2호.
국립국어연구원, 1991, 외래어 사용실태.
＿＿＿＿＿＿＿＿, 1993, 기본 외래어 조사 자료집.
＿＿＿＿＿＿＿＿, 1994, 신어의 조사연구.
国立国語研究院(韓国), 1993,『基本外来語調査資料集』.
국립국어연구원(한국)자료집, 1991,『외래어 사용실태』.
＿＿＿＿＿＿＿＿＿＿＿＿, 1993,『기본외래어 조사』.
＿＿＿＿＿＿＿＿＿＿＿＿, 1994,『신어의 조사연구』.
国立国語研究院(韓国)資料集, 1991, 外来語使用実態.
＿＿＿＿＿＿＿＿＿＿＿＿, 1993, 基本外来語調査.
＿＿＿＿＿＿＿＿＿＿＿＿, 1994, 新語の調査研究.
近藤芳美, 1984,「和語, 漢語, 外来語」, 日本語学 9月号 Vol 3, 明治書院.
金　益, 1991, 現代日本語音節に関する一考察 -外来語音を中心として-, 韓
　　　　国外国語大学校大学院.
金敏洙, 1988,「国語醇化の現実と展望」「国語生活」14号.
＿＿＿, 1996,「新国語学」(全訂版), 一潮閣.
金淑子, 1997a,「日本語外来語の音声的特質」「日語日文学研究」, 第30輯, 韓
　　　　国日語日文学会.
＿＿＿, 1997b,「日本語と韓国語の外来語の対照」「人文科学研究」, 第6号, 祥

　　　　明大学校 人文科学研究所.
金載栄, 1993, 日本外来語音に関する研究,「漢陽日本学」, 第1号, 漢陽大学校 日本学会.
김민수, 1996,「신국어학」(개정판), 일조각.
＿＿＿, 1988,「국어순화의 현실과 전망」『국어생활』, 14호.
＿＿＿, 1996,『신국어학』, 일조각.
김민수, 1973,『국어정책론』, 고려대학교 출판부.
김세중, 1993,「외래어 표기 규범의 방향」『언어학』, 제15호 한국언어학회.
＿＿＿, 1996,「외래어 표기법에 대한 비판 분석」『새 국어생활』, 제6권 제4호.
＿＿＿, 1990,「외래어 표기의 변천과 실태」『국어생활』, 제23호.
김숙자, 1997a,「일본어 외래어의 음성적 특질」『일어일문학연구』제30집, 한국일어일문학회.
＿＿＿, 1997b,「일본어와 한국어의 외래어의 대조」『인문과학연구』제6호, 상명대학교 인문과학연구소.
＿＿＿, 1998,「和製외래어의 음절구조」『일본학보』제41집, 한국일본학회.
＿＿＿, 1999,「일・한의 신문에 나타나는 외래어의 대조분석」『일본학논총』, 김봉택교수 정년기념논총간행위원회.
＿＿＿, 1997,「일본어 외래어의 음성적 특질」, 일어일문학연구 제30집, 한국일어일문학회.
김원익, 1991, 現代日本語音節に関する考察, 한국외국어대학교 대학원.
김재영, 1993, 日本外来語音に関する研究, 한양일본학 제1호、한양대학교 일본학회.
文化庁, 1976,『外来語』ことばシリーズ 4.
민현식, 1997,「외래어 차용과 변용」『국어사 연구』, 태학사.
朴興模, 1992,「韓国で使用されている日本語及び日本製外来語」慶尚大学校 教育大学院.
石綿敏雄, 1985,『日本のなかの外来語 』岩波新書 296 岩波書店 .
＿＿＿＿, 1985,『日本のなかの外来語』, 岩波書店自由国民社編, 1976, 1996, 1998版『現代用語の基礎知識』.
石綿敏雄,「日本のなかの外来語」, 岩波新書 296、岩波書店.
石野博史, 1992. 5「外来語の造語力」『日本語学』明治書院.
＿＿＿＿, 1983,『現代外来語考』, 大修館書店.
＿＿＿＿, 1989,『外来語』, 講座日本語と日本語教育 6, 明治書院.

＿＿＿＿, 1983,「現代外来語考」, 大修館書店.
＿＿＿＿, 1983,「現代外来語考」, 大修館書店.
＿＿＿＿, 1983,『現代外来語考』, 大修館書店.
松岡洸司, 1983,『外来語の歴史』, 講座日本語学 4, 明治書院.
송철의, 1998,「외래어의 순화 방안과 수용 대책」,『새 국어생활』제8권 제2호.
矢崎源九郎, 1964,『日本の外来語』, 岩波新書 518 岩波書店.
＿＿＿＿, 1964,「日本の外来語」, 岩波新書.
柴田武 1970,「外来語の再生産」『日本語教育』15号 日本語教育学会.
遠藤織枝, 1989,『外来語の表記』, 講座日本語と日本語教育 8, 明治書院.
이기문, 1976,「국어순화와 외래어문제」『어문연구』12.
李其文, 1976, 国語醇化と外来語問題「語文研究」12.
李徳奉, 1984,「国語のなかの日本製の外来語」『日本学報』, 第13輯 韓国日本学会.
이희승・안병희, 1989,「한글 맞춤법 강의」, 신구문화사.
日本語教育指導参考書16, 1990,「外来語の形成とその教育」, 国立国語研究所.
임동훈, 1996,「외래어 표기법의 원리와 실제」,『새 국어생활』제6권 제4호.
임홍빈, 1996,「외래어 표기의 역사」,『새 국어생활』, 제6권 제4호.
自由国民社編, 1976, 1996, 1998版「現代用語の基礎知識」.
鄭智英, 1995, 韓日両国語における外来語の受容意識について、慶北大学校大学院.
정지영, 1995,「韓日両国語における外来語の受容意識について」, 경북대학교 대학원.
築島裕, 1984,『国語学』東京大学出会.
許晃会, 1991,「日本語の中の外来語表記と長音符号'-'について」, 日本学報 第26輯 韓国日本学会.

찾아보기

숫자

1種敎科書 ······················· 127
2種敎科書 ······················· 127

영문

flap sound(舌側音) ············· 27
rolled(卷舌音) ·················· 27

한자

開音節化(open syllable) ········ 19
国語高等学校 ··················· 127
多音節語 ························ 231
短縮型 ·························· 217
同音異義語 ····················· 117
同化 ···························· 35
略語 ···························· 116
半濁音現象 ····················· 119
複合 ···························· 214
使用語彙 ······················· 128
省略 ······················ 118, 216
新語 ······················· 40, 110
新造語 ························· 143
略語型 ·························· 218
洋語 ···························· 41
語構成 ··························· 11
語頭 ···························· 119
語種 ···························· 11
原語 ···························· 36
日本語化 ······················· 111
直訳型 ·························· 217
濁音 ···························· 119
特殊目的高校 ··················· 127
派生 ···························· 215
漢語 ···························· 10
混種語 ··························· 11
混種語型 ······················· 218
混合型 ·························· 218

和語 ···························· 61
和語(やまと ことば) ············ 10
和製外来語 ······················ 45
和製漢語 ······················· 75

ㄱ

가타가나어 ······················ 96
강세 ···························· 45
강약악센트(stress accent) ······· 44
개음절 ·························· 46
고저 ···························· 45
고저악센트(pitch accent) ········ 44
공통어 ·························· 10
구어체 ······················· 9, 66
국어순화(国語醇化) ············ 172
기본외래어 ····················· 98

ㄷ

다음절화(多音節化) ············· 12
단축 ···························· 41
단축형 ·························· 67
대조연구 ························· 9
동음어 ·························· 12
동음이의어 ····················· 65

ㅁ

문어체 ·························· 66
문화어 ·························· 97

ㅂ

방언 ···························· 10

ㅅ

사용어휘 ························ 97
생략형 ·························· 67

ㅇ

- 어종(語種) ················· 61, 62
- 어형 ························· 10
- 어휘조사 ····················· 13
- 외래어 ······················· 9
- 외래어 표기법 ················ 153
- 외래어표기 원칙 ·············· 152
- 원어민 ······················· 94
- 위상어(位相語) ··············· 67
- 음독(音読み) ················· 75
- 음절구조 ····················· 17
- 의성어 ······················· 98
- 의태어 ······················· 98
- 이중모음 ····················· 18
- 일본식 영어(和製英語) ········ 31
- 일상어 ······················ 175

ㅈ

- 재량활동 ····················· 93
- 전문용어 ···················· 182
- 제6차 교육과정 ··············· 93
- 제7차 교육과정 ··············· 93

ㅊ

- 차용어 ··················· 10, 33
- 축약 ························· 67

ㅌ

- 특수음절 ················· 17, 55

ㅍ

- 파생 ························· 41
- 폐음절 ······················· 46
- 표기 ·························· 9

ㅎ

- 합성 ························· 41
- 혼종어 ······················· 61
- 혼종어외래어 ················· 61
- 훈독(訓読) ··················· 75

저자약력

김숙자(金淑子)

서울대학교 언어학과 졸업(학사, 석사, 박사)
도쿄대학교 언어학과 연구과정 수료
건국대학교 대학원 일어일문학과 졸업(석사)
상명대학교 사범대학 일어교육과 교수(1982~2006)
현재 상명대학교 명예교수

일본어외래어

초판인쇄 2007年 5月 25日 | 초판발행 2007年 5月 30日

저 자   김숙자
발행처   제이앤씨
등 록   제7-220호

132-031 서울시 도봉구 창동 624-1 현대홈시티 102-1206
TEL (02)992-3224(代)   FAX (02)991-1285
e-mail, jncbook@hanmail.net | URL http://www.jncbook.co.kr

·저자 및 출판사의 허락없이 이 책의 일부 또는 전부를 무단복제·전재·발췌할 수 없습니다.
·잘못된 책은 바꿔 드립니다.

ⓒ 김숙자 2007 All rights reserved. Printed in KOREA

ISBN 978-89-5668-516-8 93830   / 정가 11,000원